동아시아의 과거와 미래를 생각한다
평화로 가는 한국, 제국으로 가는 일본

동아시아의 과거와 미래를 생각한다
평화로 가는 한국, 제국으로 가는 일본

초판 1쇄 인쇄 2019년 12월 23일
초판 2쇄 발행 2020년 4월 1일

지은이 서 승
발행인 이동현
편집인 오광수
책임편집 김영남
교 정 유성문
디자인 송근정
마케팅 허 정, 김광영 02-3701-1325
인쇄 및 제본 미래 P&P
발행처 ㈜경향신문사 출판등록 1961년 11월 20일(등록번호 제 2-79호)
주 소 서울 중구 정동길 3 경향플러스 콘텐츠팀 **대표전화** (02)3701-1114

값 13,000원
ISBN 979-11-88940-05-9 (03300)

＊잘못된 책은 바꾸어 드립니다.
＊이 책의 전부 또는 일부 내용을 재사용하려면 저작권자와 ㈜경향신문사의 동의를
받아야 합니다.

> 이 도서의 국립중앙도서관 출판예정도서목록(CIP)은 서지정보유통지원시스템
> 홈페이지(http://seoji.nl.go.kr)와 국가자료종합목록 구축시스템(http://kolis-
> net.nl.go.kr)에서 이용하실 수 있습니다. (CIP제어번호 : CIP2019050788)

동아시아의 과거와 미래를 생각한다
평화로 가는 한국, 제국으로 가는 일본

서 승 지음

경향신문

차례

06 서문 _ 한반도 평화시대의 한일갈등과 주권의식
12 추천의 글 _ 경계를 무너뜨린 친구에게

● ● ●
제1부
동서남북인의 평화 찾기

18 한반도 평화를 흔드는 손, 일본
23 해외 블랙리스트도 규명하자
28 망망한 초원을 달리는 꿈
33 <수인>
38 시민에 의한 안전보장, 평화
43 '일본 평화주의'의 허구성
48 진먼에서 38선 너머를 보며
53 일왕 방한이 답이 아니다
58 '마음의 상처' 문제가 아니다
63 베트남 민간인 학살과 일제의 그림자
68 '신뢰와 상생', 한반도 평화의 길
73 '제주4·3 민중항쟁'이라는 정명 붙이기
78 솔직한 '한·일 시민연대'가 필요하다
83 평화의 길도, 통일사회도 '갈 길은 멀다'
88 다하우 수용소에서 떠올린 붉은 삼각 표식
93 타이완 '정체성 정치'의 함정

- 98 우석대 '동아시아평화연구소' 출범에 부쳐
- 103 아베의 길이냐, 문재인의 길이냐
- 108 트럼프에게 영예를, 우리에게는 주권을
- 113 마르크스 탄생 200년과 동아시아 평화
- 118 강용주의 삶으로 자성한다
- 123 오키나와 정체성의 표상, 다마키 데니
- 127 '한반도 평화' 주권은 우리에게
- 131 한반도 평화의 시대
- 135 '정상적인' 한일관계란 무엇인가
- 139 국가가 베푸는 '명예회복'이란
- 143 지바나 쇼이치와 '일장기'
- 147 일본의 '폭한응징'은 스스로 몰락하는 길

●●●

제2부

한반도, 그리고 동아시아의 평화와 인권

- 152 동아시아에서 인간의 해방, 민족의 해방
- 172 한반도 평화시대 시론
- 187 전쟁국가로 치닫는 일본, 한반도 평화체제로 억제해야
- 204 오키나와와 동아시아의 평화
- 220 광주5·18과 제주4·3의 저항권에 대해서
- 226 동아시아의 제노사이드와 예술

서문

한반도 평화시대의 한일갈등과 주권의식

　<경향신문>에 '동서남북인의 평화찾기'의 이름으로 2017년 6월부터 매달 한 번, 25회 연재한 동아시아 평화를 화두로 하는 글들을 모아 책으로 묶었다. 연재 에세이를 묶어서 1부로 하고, 여러 기회에 쓴 비교적 긴 글들을 묶어서 2부로 했으니 대강 이 몇 년 동안 나의 사색과 행동의 궤적을 모은 것이라고 하겠다.

　내가 일본 리츠메이칸대학을 떠나 전주의 우석대학교로 자리를 옮기면서 서울에 정착한 지 2년이 지났다. 몸을 서울에 두고 동아시아의 인간과 민족, 역사와 사회를 생각하는 기회를 얻었는데, 이 수년 동안 남북관계는 전쟁과 평화의 양극단을 왕복하는 격동을 겪었다. 평창올림픽을 계기로 기적과 같은 감동과 희망을 안겨주었다가 이제는 다시 어디로 튈지 모르는 긴장감과 불안감이 감돌고 있다. 다른 한편으로는 변덕스러운 트럼프 대통령과 거인 중국과의 각축은 일진일퇴하고, 한일관계가 악화일로를 치달아

역사상 최악의 상태에 이르렀다. 동아시아의 평화가 삐걱삐걱 비명을 올리고 있다.

과거에도 6·25전쟁이나, 베트남전쟁 시기에 동아시아 국제관계는 위기에 처했으나 요즘처럼 언제 어디서 무엇이 터질지 모르는 불안한 시기는 많지 않았던 것 같다. 우리 겨레가 한 마음, 한 몸이라도 이 방향을 가늠하기 어려운 국제관계의 거친 바다를 헤쳐갈 수 있을지 알 수 없는 상황에서 남북분단에 더해서 한국 내부의 반역사적·반지성적 세력들이 박근혜 탄핵 국면에서는 소리도 못 내고 엎드려 있다가, 문재인 정부에 대한 미국의 압박이 거세지고 아베정권의 혐오와 공격이 노골화되자 조국 전 법무부장관 문제를 빌미로 벌떼 같이 들고 일어나 나치스처럼 혐오의 동원정치를 펼치고 있다.

1990년에 출소한 지 벌써 30년의 세월이 흘러갔다. 그 동안 나의 사상과 행동의 중심이 되어온 '동아시아'와 '평화'라는 열쇠말은 시중의 매체에 넘쳐흐르건만 동아시아 개념에 대한 역사적·구조적 이해는 캄캄하고, 수많은 사람들이 관광열풍 속에서 오키나와, 타이완, 베트남, 일본, 중국 등 동아시아를 누비고 다니면서도 동아시아 역사의 심연을 들여다보려고 하지 않는다. 모두가 평화를 말하면서도 서로 다른 평화를 말하고 있으며, 평화의 실현은 멀어져가고 있는 듯이 보인다.

우리가 지금 직면하고 있는 한반도의 혼미와 동아시아의 난제의 많은 부분은 일본에서 비롯된다. 원래 '아시아'라는 말은 서구 열강의 침략과 약탈의 발자취를 따라 손님처럼 이 지역에 들어왔으며, '동아시아'라는 말은 서구 제국주의의 본을 따라 침략과 약탈의 길을 매진한 일제에 의해 만들어진 말이니, 그 '부국강병·식산흥업'의 길은 우리가 따라 배울 바가 아니다.

우리 겨레는 동아시아 근대에 펼쳐진 전쟁과 평화의 두 갈래 길 중 평화의 길을 뚜벅뚜벅 걸어왔다. 우리에게 '평화란 모든 민족이 독립하고 평등한 것'이라는 안중근 의사의 말씀이 사무친다. 우리와 달리 일본은 전쟁의 길을 걸어왔으며, 제2차 세계대전에서의 처참한 패전 후 잠시 잠복기를 거쳐 이제는 그 야욕의 고개를 쳐들려 하고 있다.

아베는 워낙 출범부터 문재인 대통령과 그 정권의 민족통일, 평화지향에 생리적, 본능적인 혐오감을 숨기려 하지 않고, 문재인 정부를 '친북 좌파 정권'이니 비난하면서 사사건건 불편한 심기를 드러내왔다. 작년 대법원이 일본 기업들에게 징용공에 대한 배상명령을 내리자, 한일간의 청구권문제는 한일기본조약이나 청구권협정에서 표명한 '완전히 끝났다'는 한일간의 약속을 어겼다고 하면서 사사건건 "약속을 지키라"고 되뇌고 있다. 억지로

씌운 낡아빠진 차용증을 들이대며 백성을 겁박하는 악질 고리대업자의 행패다. 이런 광경을 보면 부조리에 치떨리는 분노와, 이성이나 양심이 없는 자들에 대하여 닿지 않는 아득함을 느낀다. 1905년과 1910년에 무력과 협박으로 억지 도장을 찍게 한 한국병합조약을 지금도 '적법'이라고 우기는 캄캄한 아득함이다.

식민지에서 해방된 우리 민족을 분단시키고 반공 독재정권을 옹립하여 민족의 분열과 갈등을 조장해온 미국과, 그것을 기화로 '반공'을 내세우면서 식민지지배의 악행을 다 덮고 동아시아 시장 제패의 욕망을 마음껏 키워온 일본이 합작하여 우리 민족의 해방과 '평화시대' 개막의 꿈을 짓밟으려고 하고 있다.

우리 겨레 비극의 뿌리는 일제의 잔재가 완전히 청산되지 않는 데에 있다. 세계대전 후 미국이 일본을 속국으로 만들면서 일본 군국주의 해체와 식민지 책임을 면제하고, 이른바 '한미일동맹'이라는 의사 군사동맹 속에 일본과 한국을 묶어서 동아시아 군사지배체제를 만들었다. 특히 일본은 경제 면에서 동아시아에서 미국의 대리인으로서 '대동아공영권' 시장의 일부 복구 허가를 받았다. 일본의 '경무장 고도경제성장'은 이렇게 이루어진 것이다. 일본은 홀로서기를 하기까지 미국의 날개 아래 숨어서 이 틀을 유지하려 애쓰고 있다.

'한일갈등'이라는 싸움은 제국주의=식민지지배체제, 냉전=민족분단체제를 불변의 질서로 밀어붙이려 하는 힘에 대한 우리 민족의 자주·자립하고자 하는 온몸 싸움인 것이다. 무슨 민간이 돈을 모아 일본과 절충적인 화해를 모색하는 식의 고식책으로 해결되는 문제가 아니다.

그래서 우리의 대응은 미일에 대해서 민족주권을 제고하면서 자주적 교섭능력을 키울 수밖에 없다. 그런 점에서도 우리는 '한반도 평화시대'를 열어나가고, 서서히 통일시대에 발을 들여놔야 할 것이다. '분단시대'를 넘어서고 '통일시대'로 가는 '평화시대'에 우선 우리는 전쟁을 절대 거부하고, 남북의 소통·교류를 대대적으로 확대하고, 민족공영의 협력사업을 증진시키고, 외교현안에서는 민족적 이익을 지키기 위해 긴밀히 공조하고, 교육, 학술, 과학기술, 의료·보건, 스포츠, 예술, 예능 등 광범위하고 심도 있는 공동의 문화사업을 발전시켜 나가야 한다. '평화시대' 성패의 관건은 우리가 우리 운명의 주인임을 자각하는 주권자의식을 얼마나 똑바로 세우는가에 달려 있다.

태어나서 75년, 투옥된 지 50년, 출소한 지 30년이 되려는 이 해에 소책자나마 출간할 수 있다는 것은 매우 기쁜 일이다. 이것도 <경향신문> 연재

중에 끊임없는 관심과 성원을 아끼지 않았던 애독자 여러분의 덕분이다. 특히 이 책의 출판을 맡아주시고 편집에 범상치 않는 노력을 기울여주신 오광수 부국장님, 원고를 꼼꼼히 읽고 바로잡아주신 해외한민족연구소 이경은 상임이사님에게 각별한 감사를 드린다.

연재 타이틀에 있는 '동서남북인'은 남송의 시인 루요우(陸游)가 쓰던 호를 빌린 것이다. '동서남북 정처 없이 떠도는 자'라는 뜻인데, '타향'인 일본에서 태어나서 고향을 찾다가 찾지 못하고, 결국은 평생 안주하지 못해 낯선 타향을 떠돌아다닌 나에게도 어울리는 호라고 하겠다.

인생 말년에 때때로 나는 평생 무얼 했나 하는 회한에 사로잡히곤 한다. '참으로 덧없고 보잘것없는 인생이었구나' 하는 생각 속에서도 인생의 지나간 굴곡마다 만난 수많은 사람들 속에 서로 격려하고 서로 붙잡아준 분들도 있음을 상기하고, 첩첩이 쌓인 난관 속에서도 우리 겨레는 통일시대로 향하는 '평화시대'의 길을 한발씩 걸어갈 것이라는 희망을 붙잡아본다.

이 책을 내 딸 하연, 긴나에게 전한다.

2019년 12월, 서울에서
동서남북인 서 승

추천의 글

경계를 무너뜨린 친구에게

황석영 / 작가

1970년대 박정희 유신독재 시기에 서승, 서준식 형제에 대한 '유학생 간첩단' 조작은 광주 민중을 압살한 신군부가 물러가는 1990년대에 이르기까지 우리의 가슴을 짓누르던 사건이었다. 미안했고 안타까웠으며 슬펐지만 악랄한 고문을 견디고 신념을 지켜낸 그들의 불굴의 의지에 오히려 위로를 받곤 했었다.

군사독재의 보안당국은 정통성 없는 정권을 유지하고 민주화 열기를 분쇄하기 위하여 관제 간첩단 사건을 조작해 냈으며, 그중 만만한 것이 한국 민단과 조총련으로 나뉘어 있는 일본의 동포사회를 이용하는 것이었다. 수많은 재일동포와 젊은 유학생들이 그러한 음모의 희생자가 되었다.

서승, 서준식 형제의 경우에도 차별 받는 일본을 벗어나 부모의 고향인 한국에서 우리 말과 글로 공부를 하고 싶다는 염원을 안고 귀국했다. 그가 청소년 시절 아무런 생각도 없이 같은 동네 친구들을 따라 북한으로 여름방학 수학여행을 갔던 것이 나중에 유학생으로 한국에 와서 재학하고 있었을 때에 치명적인 빌미가 되었다. (일본 동포사회는 한 가족과 한 동네 이웃 간에도 아무런 의식 없이 민단, 총련이 어우러져 살고 있다.) 보안당국은 유신독재를 반대하는 대학가의 저항을 잠재우기 위해 이들 순진무구한 재일동포 청년들을 체포하여 고문으로 간첩을 만들어 공포분위기를 조성하려 했던 것이다.

19년의 징역을 살고 나온 서승의 얼굴에는 그 고문의 끔찍한 흔적이 화상으로 남아 표정을 잃어버린 사람이 되었다. 그러나 그는 낙천적이고 서정적인 사람이다. 나는 그를 만나자마자 그의 쾌활함과 섬세한 성격에 매료되었다. 서승은 외향적이고 적극적이며 실패를 두려워하지 않고 세속에 부딪쳐보는 예술가에 가까운 사람으로 보였다. 그들 형제는 오랜 형옥의 고통을 견디고 나와서도 우리를, 조국을 진저리나게 원망하기는커녕 새로운 나라, 새로운 사회를 위한 실천에 여생을 바친다. 그래서 나는 늘 그들에게 미안하고 죄스럽기도 했다.

나도 방북하고 나서 망명하던 시절에 서승은 늘 따뜻한 관심을 기울여

주었고, 뉴욕에 외롭게 머물고 있을 적에는 서부의 UC 버클리대학에 초청받아 나와있다가 나를 위무하러 달려왔고, 그의 거처로 불러주기도 했다. 옛 친구들이 내 망명지 근처에 오면 엄혹한 감시의 눈을 피하여 간혹 전화를 걸거나, 만나보고가지 못해서 미안하다며 지나가던 시절이었다.

그의 한결 같은 조국의 분단 극복과 평화, 인권을 위한 국제적 활동들 가운데서 지금도 연면히 이어지고 있는 것은 아시아 현대사 속에서 국가폭력으로 피해를 받은 지역 민중의 연대를 위한 활동들이다. 나는 그가 하는 일에 일정이 맞지 않아서 또는 분야가 달라서 일일이 동참하지 못하였으나, 그가 만나는 연대 조직의 아시아 친구들은 결국 모두가 나의 친구들이기도 하다.

그가 자신을 '동서남북인'이라 자처한다고 하는데, 이는 즉 '세계시민'이라는 말이겠다. 떠돌이로서의 세계시민이란 무엇인가. 어떤 경계나 편향이나 차별 없이 자신의 문제를 세계와 공유하고 세계의 문제를 자기화하려는 것이 '세계시민'의 기본자세라면, 우리는 그에게 공동체 또는 고향을 돌려주어야만 하는 빚이 남아 있다.

늙어가면서 나는 떠돌이의 외방 이야기꾼으로서 토박이 이야기꾼에 대한 경애의 마음을 늘 간직하려 한다고 말해 왔다. 우리의 모든 이야기는 결국 우리 등 뒤에 늘어선 수많은 토박이들을 짊어지고 바깥세상을 바라보던 것이었다. 결국 나는 먼 길을 돌아다니다 고향의 촌로가 되어 죽고 싶고, 어쩌면 그러한 길의 도정에서 흩뿌려지게 될 것 같다. 서승, 나는 언제나 그의 편이 되고 싶고, 그의 인생과 실천과 그가 써온 모든 글의 흔적을 사랑한다.

제1부
동서남북인의 평화 찾기

한반도 평화를 흔드는 손, 일본

∙
∙
∙

출옥한 지 27년이 지나갔다. 해방둥이인 나는 70살을 훌쩍 넘었다.

1990년, 19년간의 감옥생활을 마치고 잠시 일본에 머문 후, 미국에서 한국의 정치범 수감 실태를 증언하고 정치범 석방과 고문 반대를 호소했다. 옥중 체험을 바탕으로 인권운동가로서의 사회적 자리매김을 자연스럽게 받아들였다. 그러나 우리 겨레의 고통의 원인이자 총체라고도 할 수 있는 분단문제가 한시도 마음을 떠나지 않았기에 서구식 개인주의적 인권개념은 남의 옷을 빌려 입은 것처럼 어색했다. 다만 통일이 '절대 선'이라 할지라도 무력에 의한 통일은 절대 안 되며, 통일은 고통이 없고 기쁨과 아름다움이 넘쳐나는 과정이라야 한다고 생각했다. 거기서 평화에 대한 지향이 싹 텄다.

미국에서 일본으로 돌아오니 오키나와인권협회와 타이완 출소장기수모임인 타이완지구정치수난인호조회로부터 강연 초청을 받았다. 거기서 그들이 일제 식민지 지배와 냉전시대의 분단·군사 지배하에서 우리와 같은 고난을 겪었다는 사실을 알게 되었다. 그렇다면 우리의 과제는 서구 제국주의와 일제 침략에 의해 테두리가 그어진 '동아시아'라는 정치·역사적인 지역개념을 뒤집고, 빼앗기고 짓밟힌 사람들의 권리를 회복하는 일이 아닌가 생각했다.

비서구의 눈으로 서구 제국주의의 범죄 역사를 조명하는 작업은 2001년 남아공 더반에서 열린 '반인종주의, 차별철폐' 세계인권대회에서 모습을 드러냈다. 이 대회는 인간의 자유를 박탈하고 상품화하는 노예제도를 나치의 제노사이드 못지않은 '인도에 반하는 범죄'라고 선언했고, 대서양 삼각노예무역으로 희생된 3,000만 명의 서아프리카 사람들을 기억하며 500년에 이르는 노예제도의 역사를 단죄했다. 한 민족을 집단적으로 노예화시키는 식민지 지배도 '더반 NGO선언'에서 언급되면서, 노예제와 식민지 지배의 역사적 청산이 21세기 최대의 인권문제로 부상했다. 이것은 바로 '동아시아'를 역사적으로 청산하는 과제와 맥을 같이하고 있다.

요즘 세계의 이목은 한반도와 동아시아의 안보위기, 북한 핵·미사일에 집중되어 있다. 미국이나 일본 일각에서 선제공격론이 나왔지만, 전쟁을 야기하는 무력행사는 절대 허용되어선 안 된다. 군사적 압력과 제재도 결국 제국주의적인 질서를 유지하기 위한 패권논리에 지나지 않는다. 이 지역을 노예화하고 침략·지배한 제국주의의 범죄를 청산하지 않고서는 참된 평화를 실현할 수 없다.

일찍이 서구 제국들은 '문명'을 내걸고 '야만'을 침략했으며, '보편'을 내세워 '불량국가'나 '테러국가', '이슬람 세력' 따위의 딱지를 붙여 특수성을 파괴시켜 왔다. 이러한 인권·평화에 대한 성찰을 통해 나는 서구 주도의 '보편적 인권'이나, 평화의 파괴를 의미하는 아베 총리의 '적극적 평화주의'를 거부하고 동아시아 고유의 정치·역사에 뿌리를 내린 '인권·평화'에 눈뜨게 되었다. 이는 1997년 타이베이에서 개최된 '동아시아 냉전과 국가테러리즘' 국제심포지엄을 시작으로 한국, 타이완, 일본, 오키나와 등 동아시아 4개 지역의 냉전시기 국가폭력범죄 청산작업으로 이어졌다.

박근혜를 타도하고 출범한 문재인 '촛불정부'의 행보는 스스럼없이 대담하여 국민에게 신선한 감동을 주고 있다. 권위에 군림하지 아니하고 국민에게 열려 있으며, 현장에서 어려움을 직접 보면서 피해자와 소통하고, 자기 월급으로 자기 밥을 먹고, 사람들이 애창하는 '님을 위한 행진곡'을 함께 부르는 등 '상식'이 통하는 '보통의 나라'의 간명하고 정직한 실천일 뿐인데 엄청 신선하다.

이런 한국인들의 환희와 대조적으로 일본의 여론은 문재인 정부에 대한 악의와 반감으로 가득 차 있다. 무토 전 주한일본대사가 <한국인으로 태어나지 않아 좋았다>라는 책을 냈다고 한다. 이 책에서 문 대통령을 친북·반일의 '최악의 대통령'이라고 매도했다. 이런 맹랑한 주장의 배경에는 '일본군 위안부' 문제 등 일본에 역사청산을 주문하는 진보세력과 대북 대화노선을 취하는 문 대통령에 대한 반감이 깔려 있다. 북한은 무조건 무력으로 굴복시켜야 한다는 골수 냉전·호전주의자의 오만과 구태에 다름 아니다.

　북한이 일본열도를 훨씬 넘어 태평양 한가운데 쏜 미사일을 기화로 도쿄의 전철 운행을 정지시켜서 전쟁위기를 부추기고, 일본의 군사화와 개헌 추진에 악용하는 아베 총리는 지난 5월 30일 문 대통령과의 전화통화에서 "북한 미사일 발사에 대해 긴밀한 공조를 하자"고 했다. 압박과 동시에 대화를 내거는 문 대통령에게 아베는 "대화를 위한 대화는 의미가 없고, 구체적 행동이 필요한 때다. 북한의 시간벌기에 이용당해서는 안 된다"고 주문했다. 일본에서 높은 지지를 받는 아베 총리는 '안하무인' 격으로 외할아버지인 A급 전범, 기시 노부스케로부터 이어받은 숙원사업인 헌법 개악에 착수하려는 참이다.

　'혈육의 정'은 차치하더라도 갈등의 평화적인 해결을 도모하는 한국 정부의 자세는 지극히 당연하다. 대북 제재에 앞장서는 일본에는 약자를 집요하게 괴롭히고 의기양양한 골목대장의 모습이 겹친다. 게다가 일본은 북한에 대해 여전히 형식상이라도 식민지 지배의 역사 청산도 못다 끝낸 전범국가이다. 그럼에도 일본인 납치사건을 빌미로 피해자연하면서 미국을 등에 업고 적반하장으로 북한에 대한 선제공격을 주장하고, 압도적인 국민적 지지를 받고 있는 문 대통령의 민족화해정책을 폄하하고 강경 대응하라고 훈계하는 무례를 서슴지 않았다. 바로 이것이 지금도 청산되지 않은 동아시아의 가해자와 피해자의 역사적 구조를 보여주는 대목이다.

촛불혁명을 통해 '주권자의식'에 눈뜬 촛불민심은 한국이 당당한 주권국가로서 일본의 군사화와 전쟁도발에 제동을 걸고, 한반도 화해·협력·평화정책에 매진해주기를 바랄 것이다. 열렬한 문재인 대통령 팬인 고등학교 2학년 딸은 대선기간 내내 문 후보를 비방하는 일본에 너무 화가 나서 한마디 했다.

"일본인으로 태어나지 않아서 다행이야."

_ 2017. 6. 7

# 해외 블랙리스트도 규명하자

<월간 조선> 2009년 12월호에 '한국 정부 지원금 받아 연방제 통일 옹호, 조총련계에 장학금 줘'란 제목의 10쪽짜리 기사가 실렸다. 리쓰메이칸대학 코리아연구센터(이하 '코리아센터')가 '북한의 연방제 통일을 지지하는 반한단체'이며, 소장인 내가 '현재도 북한 간첩'임에도 불구하고, 한국국제교류재단(이하 '교류재단') 등으로부터 다액의 지원을 받았다는 것이다. '연방제 통일 지지'라는 주장은 김대중 전 대통령이 국가연합통일방안과 더불어 연방제통일안이 들어 있는 6·15 공동선언에 서명했으며, 2007년에 그를 초청하여 명예박사 학위를 수여했기에 코리아센터도 연방제 통일을 지지하는 용공 반한단체라는 조잡한 논리로 짜였다.

게다가 리쓰메이칸대학을 '좌익대학'으로 단정하고 '총련계 학생에게 장학금을 주고 있다'거나 '고액의 가짜 영수증을 발행하고 있다'는 등 전혀

사실이 아닌 가짜뉴스를 지어냈다. 이 기사에는 코리아센터 홈페이지에 들어가기만 해도 아는 초보적인 오류를 포함하여 48군데나 오류가 있다. 사실 확인도 하지 않고, 상반되는 주장을 고루 취재하지 않는 등 언론의 기본도 지키지 않았다. 한마디로 가짜뉴스를 넘어 조작·모략 수준의 기사였지만 순식간에 인터넷과 각 매체에 퍼날라지면서 코리아센터의 활동에 엄청난 피해를 주었다.

이에 나는 <월간 조선>과 담당기자를 상대로 2010년 1월 11일, 기사의 정정, 사죄광고 게재 및 손해배상을 요구하고 민사소송을 제기했으며, 같은 해 12월 15일에 정정 및 반론문 게재와 원고에 대한 1,000만 원 지불이라는 중재판결을 받아냈다. 기본적으로 원고측 주장이 받아들여진 것이지만 피해를 만회할 길은 없었다.

코리아센터에 대한 공격은 이명박정권 출범과 동시에 시작되었으며, 박근혜정권의 블랙리스트로 이어졌다. 국제적 체면이나 신의마저 거들떠보지도 않고, 정권의 욕망대로 해외에 있는 연구기관까지 사찰·공격한 것이다. 또한 '전 정권 지우기' 차원으로 감행된 김대중 전 대통령 명예박사 학위 수여에 대한 보복이었다. 해당 <월간 조선> 12월호 표지의 반은 '동아그룹은 김대중정권의 보이지 않는 손에 의해 강탈당했다'라는 표제가 차지하고, 바로 밑에 코리아센터를 매도하는 기사 표제를 뽑았다. 김 전 대통령에 대한 집요한 음해의 일환으로 코리아센터와 나를 도마에 올린 것이다.

코리아센터는 2005년 6월, 한국학 연구소로 일본에서 규슈대학에 이어 두 번째로 설립되었다. 센터는 일본 문부과학성과 대학 규정에 따라 창설되면서 설립취지에 '종합적 현대 코리아 학술연구센터, 한국관계 교육·교류센터, 한반도 이해를 위해 지역에 열린 센터'를 들었으며, 설립 이래 일본 문부성, 일한문화교류기금, 한국교류재단, 동북아역사재단 등에서 연구 지원을 받아 활동해 왔다.

한국과 일본은 역사·문화적으로 깊은 관계가 있고, 근년에는 상호 방문 관광객 연간 1,000만 명 시대의 문턱에 들어섰다. 그러나 학술연구교류 수준은 저조하다. 특히 한국에서는 거의 모든 대학교에 일어일문학과나 일본학과가 있으며, 주요 대학에 일본학 연구소가 있는데 반해 일본에는 근년에 교양과목으로 한국어 강의가 보급되었을 뿐 한국학 전공학과는 거의 없으며, 한국학 연구소도 대여섯 개에 지나지 않는다.

늘그막에 임용된 나는 한일교류와 상호이해를 높이고, 한일간 학술연구의 불균형을 바로잡는 데 이바지하고자 2005년에 코리아센터를 설립했다. 코리아센터는 각종 학술연구, 5차례의 한국영화제, 식민지 인식에 관한 연속 시민강좌, 한일교류 등 다양한 활동으로 일본은 물론 세계적으로도 가장 활력 있는 한국학 연구기관으로 명성을 얻었으며, 일본 최초의 한국학 전공과정 설치를 목표로 삼았다.

그러던 중 교류재단에 교수직 설치 지원항목이 있어서 미국 등에서는 많이 이용하고 있다는 것을 알게 되었다. 교류재단과 지원받는 대학에서 50%씩 5년간 한국학 교수직 설치 예산을 분담하고, 정착 후 해당 대학이 독자 운영하는 제도다. 이를 통해 세계에 한국학을 보급하자는 것이다. 리쓰메이칸대학도 2008년에 교수직 설치를 신청했으며, 2009년 4월 신학기부터 개강하기로 합의하고, 임성준 당시 교류재단 이사장이 총장에게 총액 14만6,154달러(그중 교수직 설치 비용 6만7,000달러)의 재정지원 승인서를 보내왔다.

그에 따라 한국 근현대사 전공자인 A교수를 채용했으며, 2009년 4월 9일 교류재단 이사장이 대학을 방문하여 총장과 교수직 설치 합의서 조인식을 거행하기로 했다. 그래서 신학기 이수요강에 한국학 과목이 게재되어 학생이 모집되었다. 그런데 3월 11일 돌연 지원과 예정된 행사를 취소한다는 이메일이 날아왔다. 참으로 놀랍고도 무책임한 일이다. 채용한 교수와 수강생들을 어찌하라는 말인가? 결국 사회적 책임을 고려하여 대학에서 교류재단 부담 부분까지 떠안게 되었다. 국제적인 위약이자 배신행위로 한국에 대한 공신력은 땅에 떨어졌다.

이에 대해 <조선일보>마저도 2009년 7월 15일 '나라 이미지 오히려 먹칠한 해외 한국학 지원사업'이라는 사설을 실었다. "교류재단이 작년 12월 리쓰메이칸대, 미국 미네소타대, 독일 라이프치히대 등 외국 7개 대학의 신청을 받아 한국학 연구지원금을 주기로 약속해놓고 경제사정 악화와 환율 상승을 이유로 뒤늦게 지원 약속을 취소했다. 리쓰메이칸대의 경우 교류재단으로부터 14만달러 지원 약속을 받고 일본 대학 중 최초로 정규 한국학 강좌를 개설해 담당교수도 선발해둔 상태였다"라고 비판했다.

한국 정부의 탄압으로 고난의 길을 걸어온 코리아센터는 개소 13년째, 운영자금난으로 중대한 위기에 빠져 있다. 수십 명의 교수가 관여하고 한·일 시민사회가 지지해온 연구기관의 소멸은 양국에 큰 손실이 될 것이다. 지금 한일관계가 최대 외교현안으로 떠오르고 있는데, 한·일 양국의 올바른 역사인식의 보급과 상호 이해를 위해 노력해온 코리아센터와 같은 기관을 블랙리스트에 올려 탄압해온 행태가 악영향을 미치고 있다. 지금 진행되고 있는 문화예술계 블랙리스트 문제의 해명과 정의회복 작업의 범위에 해외동포 및 해외 연구·문화기관 블랙리스트까지 포함되어야 할 것이다.

_ 2017. 7. 5

망망한 초원을 달리는 꿈

　몽골이라는 울림에 마음이 설레었다. 마음 한구석에 한번은 가야겠다는 짐이 자리하고 있었다. 몽골의 한가운데 아르한가이(Arkhangai)의 수도 체체를레그(Tsetserleg)시와 교류하는 윤봉길기념사업회의 방문단에 편승한 초행길은 험난했다.

　나는 7월 8일, 일행에 하루 앞서 떠났다. 오후 2시30분발 몽골항공 DM0301은 울란바토르에 부는 큰바람 때문에 5시로 출발시간이 늦춰졌다. 탑승 후에도 비행기는 한동안 뜨지 않다가 6시에 출발했고, 자정 다 되어서야 호텔에 들어갈 수 있었다.

　다음날 일행을 만나 오후 2시에 아르한가이로 떠났다. 600㎞, 8시간의 길이라고 한다. 13명의 일행과 가방을 잔뜩 실은, 한국 유치원에서 쓰던 17인승 미니버스는 위태로워 보인다. 몽골 유일의 횡단고속(?)도로는 울란바

토르를 벗어나자 도로가 파도치듯 울리고 울퉁불퉁했고, 군데군데 구덩이가 파여 있다. 동자같이 둥그렇게 살이 붙은 기사는 닳아서 골이 없어진 타이어를 살펴본다. 가끔 펑크가 난다고…. 가다가 주유소나 길가 가게에 화장실이 있기는 하지만 분뇨가 너무 쌓여있어 사람들은 여성을 포함해서 들판에서 볼일을 본다.

날은 어두워지고, 저녁식사 자리가 예정된 카라코룸까지는 아직도 멀었다. 들판에 시트를 깔고 물을 끓여 컵라면과 햇반, 김치로 식사를 한다. 왼편에 해가 지고, 오른편에 달이 오른다. 약초로 촘촘히 덮인 넓은 초원은 향기가 그윽한 짙은 수박빛으로 저물어간다. 풀밭에 사지를 뻗고 누우려고 보니 초원은 소, 말, 낙타, 양의 똥으로 가득 찼다. 눈에 삼삼한 푸른 아르한가이에 다다른 유목민들은 저절로 땅에 엎드려 신을 찬양하며 감사를 드린다고 한다. 그 아르한가이에 우리는 새벽 2시에 도착했다.

다음날 아침부터 전국 각지에서 경마, 활쏘기, 씨름의 세 가지 전통 경기와 갖가지 노래, 음악이 펼쳐지는 몽골 최대의 민족축제, 나담이 시작된다. 시 경기장에서 개회식이 시작되었다. 주석단에 오른 우리에게도 큰 청화백자 항아리에 담은 마유주와 달콤한 치즈 과자가 돌아왔다. 미지근하고 비릿한 마유주는 역겨웠다.

오전 행사가 끝나고 호텔에 돌아오니, 엄청난 모래바람이 불기 시작하고 호우가 쏟아졌다. 비는 한두 시간 만에 그쳤고, 저녁에 냇가의 게르(천막집)에서 연회가 열렸다. 해마다 윤봉길축제에 참가하고 체체를레그시에 윤봉길거리를 만든 남질도르지(Namjildorj) 전 시장은 손질한 돼지 한 마리와 양고기를 들고 게르를 찾았다. 날카로운 몽골 칼로 돼지를 넓적하게 포떠서 불판에 구워 소금을 뿌려 먹었다. 어둑어둑한 천막 안에서 여러 사람이 집어먹느라 제대로 구워졌는지 분간할 수가 없다. 식욕도 없어서 몇 점 집어먹다 말고 호텔로 돌아가서 그대로 화장실로 직행했다. 설사가 계속되어 다음날은 호텔에서 누워 지내야 했다.

6박7일의 여정은 비행기 왕복에 하루, 버스 왕복에 하루, 식중독으로 하루가 소진되는 처참한 결과였다. 게다가 마지막 날 겨우 찾아간 코리아나 호텔은 폐허였다. 들어서자마자 지독한 냄새가 진동하고, 방 안 화장실엔 변좌도, 물탱크의 덮개도, 물 내리는 손잡이도 없었다. 도대체 공짜라도 머물고 싶지 않은 곳이다. 이 최악의 몽골 여행에서 얻은 것은 무엇일까?

칭기즈칸이 이루어낸 몽골제국의 자취는 청나라와 러시아제국이 붕괴하는 와중에 사라지고, 1924년 소련에 이어 두 번째 사회주의 국가를 세웠다고 하나 실제는 소련의 위성국이었다. 소련 붕괴 후 1994년에 사회주의를 포기하고 몽골국으로 새 정체성을 모색하여 오늘에 이른다.

내가 몽골에 도착하기 전날 있었던 대선 결선투표에서 민주당 후보가 역사상 처음으로 인민당 후보를 이겼다. 외교적 다변화가 전망되지만, 중국과 러시아에 끼여 있는 나라는 양국의 절대적 영향력을 배제하기 어려울 것이다. 그럼에도 독립성의 강화를 위해 부심하여 왔다. 1992년 구 체제의 붕괴와 더불어 발표된 '비핵화선언'은 그러한 의지의 표명이리라. 인구 300만 명, 군대 9,100명의 나라에서 힘에 의한 안전보장은 거의 의미가 없다.

가을에 개최될 '동북아 평화회의'에 참가해줄 것을 요청하기 위해 만난 바산자흐 하가와(Baasanjav LKHAGVAA) 교수의 명함에 '코리아 통일을 위한 몽골포럼 회장'이라고 찍혀 있었다. 그래서 "한반도 통일이 몽골과 무슨 관계가 있습니까?" 하고 물었더니, 그는 당연하다는 표정으로 "이웃 나라가 잘되어야 우리도 잘되지요. 몽골과 남북한은 초강국들의 사이에 위치하기 때문에 강대국들의 국제 정치·외교적 환경 속에서 몽골과 남북한 양국이 살아남기 위해서는 보다 굳건한 협력이 필요합니다"라고 했다.

고독한 유목민은 나그네를 환대하지만, 가족 단위로 독립적이고 서로에게 냉담하다고 한다. 같이 몰려다니면 가축이 먹는 풀이 금방 고갈되기 때문이다. 그러나 생면부지의 유목민이 갈증난 가축에게 물을 먹이기 위해 찾아오면 두말 없이 물을 나누어 준다고 한다. 자기들도 언제 같은 처지가 될지 모르기 때문이다. 안보를 힘의 논리에 따른 '제로섬' 게임으로 보지 않고, 서로 상생적으로 이어지는 '공통의 안보' '공공의 안보'로 보는 사고와 가깝다고 하겠다.

하가와 교수는 김일성대학을 나와 평양 주재 몽골대사관에 근무하고, 서울에서도 오래 근무했다. 우리말에 능통하고 한글 논문도 쓴다. 2년 전에 '통일포럼'을 만들어 몽골에서 통일여론 환기에 공을 들이고 있다고 한다. 특단의 이해관계가 없고, 남북을 다 잘 아는 유목민의 시각이 매우 흥미롭다.

나에게는 몽골과의 소중한 연결고리가 더 있다. 1979년 가을, 어머니가 암수술 후 대구 감옥에 면회를 오셨다.

"어머니, 다시 태어나면 뭘 하고 싶어요?"

"몽골에 태어나서 말 타고 들판을 달려볼까?"

전혀 뜻밖의 대답이다.

"왜요?"

"사람도 없고 넓으니까 좋지 않아?"

통통한 어머니가 말을 타고 벌판을 달리는 모습을 떠올리기만 해도 우습다. 그러나 시대와 사회제도와 여성이라는 틀에 짓눌린 어머니의 평생을 생각하면 결코 기발한 발상만도 아니라는 생각이 들었다. 거기에는 "다시 조선에 태어나서 너희들과 살고 싶다"고 하는 모범답안이 들어갈 틈이 없었다. 인기척 없는 망망한 초원을 달리는 꿈….

_ 2017. 8. 2

〈수인〉

⋮

    반년이나 집을 비웠다가 교토 집에 잠시 들렀다. 산더미 같은 우편물 속에서 제법 두꺼운 소포를 열어보니, 1·2권으로 1,000쪽 가까운 소설 <수인(囚人)>이었다. '적조했소이다'라는 황석영 작가의 서명이 있었는데, 3개월도 전에 도착한 것이었다.

    '적조….' 만난 지 벌써 10년 되는 것 같았다. 내가 그를 처음 만난 것은 1992년 가을 뉴욕에서였을 거다. 그는 1989년 월북했다가 그때까지 한국에 돌아가지 못하고 전전표박의 신세였다. 나는 당시 버클리에 있었으니 황 작가와는 미국 동서의 끝과 끝이었지만 가다가 전화도 하고 만나기도 했다.

    그러던 1993년 초봄에 전화가 왔다.

    "한국에 돌아가려는데 어떨까?"

"황 선생, 그야 감옥에 가겠지요"

"지난 12월에 YS 측근인 K가 찾아왔는데 신병 보장해주니 들어오라는 거야".

나는 "월북하여 김일성 주석을 일곱 번이나 만났는데 3~4년은 고생해야겠지요"라고 하니, "그와 고등학교 동창이거든. 늦어도 8·15에는 나오겠지"라고 낙관하는 풍이다. "그래요? 그래도 마침 변호사들이 미국에 와있으니 한번 물어보지요" 하고 바로 전화했다. 하버드에 있던 L변호사는 "글쎄 한 5년은 살아야 될 거 아닙니까?"라고 신중하다. 워싱턴에 있던 P변호사는 "일단 안기부에 들어가면 무슨 수를 쓰더라도 속에 있는 것을 다 게워내게 할 텐데…" 하며 걱정한다. 사람들은 좀 더 기회를 봐야 한다는 의견이었지만, 타향에서 글을 못 쓰게 된 황 작가의 번민은 깊었다.

"고기가 물을 떠나서는 못 사오. 한국에서 사람 사이에 숨쉬어야 글 쓸 수 있으니…."

천의무봉의 그가 숨이 탁탁 막혀 미치고 환장할 지경이니, 이제 아무도 그의 쏜살같은 귀심(歸心)을 말릴 수 없었다.

"어쨌든 떳떳하고 당당하게 돌아가야 하니 귀국성명서 준비해야죠."

그래서 원고를 귀국 전날 저녁에 팩스로 주기로 했는데 아무 소식이 없었다. 전화를 해보니 <한겨레신문>의 정연주 특파원과 독점 인터뷰를 하느라 한 글자도 못 썼다고 한다. 팩스는 아침에 공항 가기 직전에 들어왔다. 훑어보니 당당하기는커녕 황 작가답지 않게 "물의를 일으켜… 김영삼 대통령의 문민정부의 민주화에 크게 이바지하고…" 식으로 고개 숙여 당국의 온정을 바라는 상투적인 탄원서 조다. 놀라서 전화를 넣으니 이제 수정할 시간이 없단다. '아뿔싸!' 황 작가는 참을성 없고 마음보다 입이 먼저 움직여 뭐든지 속에 담아두지 못하는 분이라 김포공항에서 안기부로 직행하여 모든 일을 불었으니, 판결은 예측을 웃도는 7년이었다. 모두들 그 성질에 "갇혀서 1년도 못 살 것"이라고 했는데 5년을 굴렀다.

책을 읽으면서 황 작가의 '빵살이'를 내 자신의 경험과 일일이 대조해보니 내 삶과 우리 현대사와 사회, 그리고 정치를 되짚어보는 계기가 되어 매우 유익하고 흥미진진했다. 물론 집도 절도 없는 장기수에 비하면 황 작가의 '빵살이'는 철창만 뚫지 못했지 가히 '황제감옥'이었다. 그러나 작가로서 집필할 수 없는 고통은 제쳐놓더라도 그는 역사의 가장 엄중한 막장에서 치열하게 대치하고 있었던 것이다. 모든 정치범의 옥중에서의 억압과 자유의 수준은 법이나 규칙에 의해 결정되는 것은 아니니, 냉전과 분단을 둘러싼 보수와 진보의 처절한 판갈이 싸움의 불꽃 튀기는 최전선에 희대의 광대, 황석영의 감옥살이가 위치했던 것이다.

그의 사춘기는 어떤 권위나 권력에도 고개 숙이지 않는 비딱하고 싸가지 없는 청춘이었다. 얼핏 감옥에서 흔히 만난 냉혈하고 흉포하고, 자기 이익을 위해서 밥 먹듯이 거짓과 배신을 거듭하는 아웃로처럼 보이기도 하지만, 자기 내면을 깊은 우울과 회의로 응시하는 천성의 문학도였으며, 사람에 대한 수줍은 배려와 애정, 본능적인 시대에 대한 통찰력을 가진 청년이었다. 당대에 비길 바 없는 천재적인 언어감각이나 문장력은 논할 필요조차 없지만, 많은 일탈이나 외도를 거듭하면서도 본능적으로 명석한 두뇌로 시대의 가장 뜨거운 현장에서 '이 땅에서 저주 받은 자들' 편에 우뚝 섰던 것이다.

광주5·18의 진실을 드러낸 <죽음을 넘어 시대의 어둠을 넘어>의 표제가 상징하듯이, 그는 금기의 경계를 넘어 넘어서 우리의 시계를 심화시키고 넓히는 구실을 해왔다. 분단의 경계를 넘어 사람 사는 동네를 찾았으며, 문학과 통일운동을 위해 세계를 종횡으로 누비면서 아시아와 만나고, 세계의 기라성과 같은 지성들과 어울려 세련된 국제인이 된 듯했지만, 그 뉴욕 맨해튼의 길모퉁이에서 '물을 떠난 물고기'처럼 영등포 뒷골목과 여의도 샛강의 물장구치던 시절을 그리워하고 늘 귀심을 누르지 못했다.

남북의 분단과 전쟁의 틈새에서 자식들을 보듬고 강인하고 지혜롭게 산 어머니에 대한 그리움도 날이 가면서 짙어져가고 있다. 나이 먹어서 철 들었다고도 하지만, 작가는 <수인> 속에서 지극히 정직하고, 자성적이고, 겸손하다. 인간의 구석구석에 파고들어 인간을 드러내는 문학을 쓰기 위해서는 먼저 자기 내장까지도 뒤집어야 하는 법인데, 이제는 고요하고 부드러운, 저물어가는 석양 속에서 지극히 공손하고 진솔한 황 작가의 모습에서 '아아, 같은 시대를 살아왔구나' 하는 감개가 솟아난다.

책의 말미에 "시간의 감옥, 언어의 감옥, 냉전의 박물관과 같은 분단된 한반도라는 감옥에서 작가로서 살아온 내가 갈망했던 자유란 얼마나 위태로운 것이었던가"라고 썼다. 본디 위태롭기에 사람은 자유를 갈망한다. 그 위태로움은 지금도 여전하고, 분단의 골은 황 작가가 아슬아슬 경계를 넘나들었던 20세기 말보다 더 깊어졌다.

    통일이라는 말은 멀어지고, 고향과 혈육, 동포들에 대한 기억도 희미해져가고 있다. '주권'을 외친 촛불민심을 등에 업고 눈부시게 새 정부가 출범했건만, "전쟁은 우리가 결정한다!"고 주인임을 주장하면 할수록 우리의 전쟁과 평화는 미국 대통령의 손아귀에 쥐어져 있음을 절감하게 된다. "전쟁이 일어나도 저쪽(한반도)에서 죽지, 이쪽(미국)에서 죽는 것이 아니다"라고 태연한, 미친(척하는) 트럼프의 인종주의를 제대로 비판해내지 못한 우리 대통령이 겨레의 운명의 운전대를 제대로 잡을 수 있을까? 우리 모두는 지금도 분단의 '수인'이다. 분단의 뇌옥에서 "자유를 달라!"고 외치고 행동해야 할 때다.

_ 2017.8.30

시민에 의한 안전보장, 평화

2017년 9월 16일, 타이베이에서 <옥중19년> 중국어판 출판기념회가 있었다. 출소한 지 27년 만의 일이다. 중국 독자들에게 내 책이 읽힌다는 것은 큰 기쁨이다. 벌써 한 세대 전의 독재시대 한국 정치범감옥에서의 투쟁이 젊은 중국 독자들에게 무슨 소용인지 모르겠지만, <옥중19년>이 나의 개인적인 경험을 넘어 제국주의의 동아시아 침략·지배의 역사, 특히 해방 후 냉전과 분단의 역사 속에서 이루어진 국가폭력이라는 동아시아의 보편적인 정치현상이기도 하고, 국가보안법과 보안관찰법이 아직도 살아있는 한국의 현재적인 문제이기도 하다.

타이완에서 장쥔홍(張俊宏) 씨로부터 오찬 초대를 받았다. 장씨는 1979년 당시 잡지 <미려도(美麗島)>의 편집장으로, 타이완 민주화의 물꼬를 튼 '미려도 사건'*의 핵심인물이며 반란죄로 12년형을 받았다. 그는 5년 후에 출소해 민진당의 창당 사무총장, 당대표 대리, 네 번의 입법위원(국회의원)을 지낸 타이완 정계의 거목이다. 그러나 여러 가지 스캔들도 있었고, 일국일제도, 동아시아 공동체 등의 주장으로 민진당 주류에서 멀어지고 '외톨이(孤鳥)' 소리를 들은 지 벌써 10년이다.

그는 만나자마자 미국과 북한의 핵 대치로 세계는 멸망의 위기에 처하고 있으며, 평화가 지금 가장 시급한 과제라고 했다. 평화를 위해서는 우선 큰 나라도 작은 나라도 평등하게 다루어져야 하며, EU처럼 동북아 공동체를 만들어 국가 간의 갈등을 해소해야 한다고 역설하면서, 강한 자가 약한 자를 함부로 하고 큰놈이 작은놈을 속이는 것이 평화의 길이 아니며, 북한에 핵무기를 포기케 하려면 먼저 미국이 무력 위협을 하지 말아야 하며, 핵무기는 생사의 위기에 직면한 북한의 자기보존을 위한 마지막 무기라고 했다. 북한도 전 세계의 모든 나라들처럼 안전과 번영을 원하고 있는데, 제재 강화는 북한의 번영의 길을 뺏어버린다며, 남북한은 언젠가 통일할 것이고, 상호통상을 강화하여 사람의 왕래를 증대시켜야 한다고도 했다.

장씨는 '동아시아 평화선언'을 내고, 전면적 핵 금지와 유엔의 통일적 관리를 호소하고, 만약 유엔에 능력이 없다면 먼저 타이완과 한국의 민간단체가 공동협조로 평화선언을 추동하고, 전 세계에서 인터넷 투표를 실시

＊세계인권선언일인 1979년 12월 10일, 타이완 가오슝(高雄)에서 잡지 <미려도>가 주최한 시위에서 경찰과 충돌이 일어나 다수의 부상자가 발생하고 주최자 8명이 투옥된 사건이다. '가오슝 사건'이라고도 한다.

하여 세계 평화를 위해 핵무기를 전면 통제할 것을 호소하자고 했다. 이 제안은 타이완의 한 민간인이 제기한 것이고 현실성이 약하지만, 한반도 평화문제를 동아시아 민간인도 매우 우려하고 있으며, 약자와 소수자의 관점에서 북한을 이해하려고 한다는 면에서 흥미롭다.

타이완의 신문 <중국시보>에서 실시한 여론조사가 있다. 내용은 "트럼프가 북한, 이란 등 4개국의 지도자를 '불량배', '악당'이라고 매도했는데 진짜 악당은 누구일까요?", "타이완은 유엔 회원국이 아닌데 대북 제재에 동참해야 할까요?"이다. 투표는 진행 중이지만, 앞 설문에서 1위는 압도적으로 트럼프(71.5%)이며, 2위가 김정은(13.9%), 3위가 IS의 지도자(10%)로 나온다. 후자의 설문에는 90%가 필요 없음이고, 필요함은 10%에 지나지 않는다. 이 결과를 보편화시킬 수는 없지만, 직접 미국의 풍압을 받지 않는 곳의 민심 동향을 시사한다고 볼 수 있다.

그와 대조적인 것이 아베정권이다. 그의 유엔 연설이 북한 비난과 강경 제재 주장으로 일관되어 "모든 선택이 테이블 위에 있다"는 트럼프의 말을 전폭 지지한다면서 평화를 논해야 하는 유엔에서 무력 공격을 가장 노골적으로 시사했다.

일본에 요즘 '해산 바람'이 불고 있다. 아베가 국회를 해산하고 11월 22일에 총선을 실시한다고 했다. 내각을 개조한 지 한 달도 채 되지 않는데, 당돌한 국회 해산은 자민당 내부에서도 '대의 없는 해산'이라는 비판이 일고 있다. 야당의 내분과 분열의 틈을 탄 '약자 괴롭히기 해산', 사학재단 비리 의

혹에 얽힌 아베가 국회에서의 추궁을 피하기 위한 '적전도주 해산' 등 비난이 비등하다. 선거 쟁점으로 소비세나 개헌 문제를 내걸고 있지만, 북핵 미사일 위기가 고조하고 있어서 대북(강경)정책에 대한 국민의 신임을 물어야 한다는 구실도 내세우고 있다. 스스로 위기를 선동해놓고 그 위기로 국민을 겁박하는 '자작자연(自作自演)'이다. 세계에서 오로지 아베만이 인종주의자, 여성차별주의자인 트럼프의 '미친 정치'에 충성을 다하는 척하면서 호가호위하고, 전쟁위기를 증폭시키고 일본의 군과 전쟁의 합법화에 골몰해 왔다. 한국은 이들을 믿고 '한·미·일 동맹'을 신주처럼 모시고 있어도 되는 것인가?

　문재인 정부는 유엔에서 가장 강력한 대북 압력을 주장하면서 미·일의 뒷북을 칠 뿐, 평화의지나 자주성을 부각하는 독자성도 독창성도 드러내지 못하고 있다. 800만 달러의 대북 인도적 지원 결정에 대해 아베로부터 훈계조로 견책을 받자 "인도적 지원과 정치는 별개", "실시기일 미정"이라는 변명에 시종하고 있다. 진정 인도적 지원이라면 떳떳하게 지금 바로 실시하면 된다. 생색내면서 줄듯 줄듯 안 준다면 상대를 능멸하고 약 올리는 결과밖에 안 된다. 문 대통령이 "석유 공급을 끊어달라"고 하다가, 푸틴 대통령에게 오히려 "인민생활에 피해가 간다"고 타이름을 받는 창피한 일이 있었다. 남에게 같은 겨레를 괴롭혀달라는 부탁은 입이 찢어져도 해서는 안 되는 말이다. 어느 아둔한 참모가 보좌하는지 모르나 지금 북한은 사생 결단으로 핵미사일 개발에 매달리고 있는데, 평화를 보장받기 전에는 아무리 압력을 가해도 포기할 리가 없다.

    정부는 제재니 압력이니 하는 헛발질을 그만하고, 진정 한반도에서의 전쟁을 저지하고 한반도 평화실현의 운전대를 잡으려면 트럼프에게 "전쟁도발을 그만하고, 북한과 대화하고 국제사회의 일원으로 받아들여야 한다"고 직언해야 한다. 그것만이 이 지역을 전쟁위기에서 구해내는 유일한 방법이다. 또한 정부가 어떤 정책을 취하든, 타이완의 장씨 말마따나 시민들은 "전쟁 반대", "군사대치 중지! 즉시 대화", "동아시아 비핵화, 평화!"를 외치며 스스로 평화를 지켜야 한다.

_ 2017. 9. 27

'일본 평화주의'의 허구성

제47회 중의원 선거에서 아베가 대승해 장기집권과 헌법 개악, 군사대국화의 길이 열렸다. 이번 선거로 전후 일본의 기본적 가치인 평화주의나 민주주의의 허구성이 드러났으며, 일본이 동아시아 평화의 위협요인으로 떠올랐다. 이번 선거에서 자민당은 284석을 얻어 전체 465석의 과반수를 차지했고, 공동여당인 공명당의 29석을 합쳐서 개헌선인 3분의 2를 넘었으며, 헌법 9조 개헌을 주장하는 극우 야당과 일본유신회까지 합하면 4분의 3을 차지했다.

아베는 이번 선거를 미증유의 국난을 극복하기 위한 '국난선거'라고 했다. 국난이란 북한 핵·미사일 '도발'과 소비세 인상분(부가세)의 용도 문제라고 한다. 그러나 각처에서 아베와 개인적 친분이 있는 모리토모(森友)학원, 가케(加計)학원에 대한 특혜 스캔들을 덮기 위한 '은폐 해산', '적전도주 해산', '대의 없는 해산' 등의 비난이 쏟아졌다. 역사가 한도 가즈토시(半藤一利)는 지금 상황을 1937년 일본 군부가 전쟁으로 폭주한 중일전쟁 무렵의 시대상황과 비유하면서 "이번 선거는 일본의 진로가 전쟁과 평화, 어느 쪽으로 가느냐 하는 지극히 중대한 선거"라고 했다(한도 가즈토시, '기로에 선 평화', <아사히신문> 2017년 9월 29일 13면).

아베는 이번 총선뿐만 아니라 일본 국민을 위협하고 선동하는 수단으로 북한을 이용해 왔다. 같은 해 8월 29일 일본에서 집을 나서려 하는데, 건드리지도 않은 TV가 갑자기 켜졌다. 북한이 미사일을 쏘았다고 전국순간경보시스템(J-Alert)이 작동한 것이다. 평양 순안비행장에서 쏜 화성-12호가 홋카이도(北海島)를 가로질러 1,180km 동쪽 태평양에 착탄했는데, 발사 후 4분 만에 경보가 울리고, 전국의 TV, 라디오, 휴대폰에 긴급경보가 자동으로 뜨고, 비상 사이렌이 울렸다. 온 종일 TV는 발사 소식을 내보내고, 도쿄의 지하철 등 일부 전차가 멈추고 몇몇 학교가 휴교하는 등 실제 전쟁상황을 방불케 하는 난리를 피웠다. 하지만 화성-12호는 경보가 울리기 전 꼼짝할 사이도 없이 발사 1분 만에 홋카이도 상공을 지나가버렸다.

우리나라 일부 언론은 우리 정부는 북 핵·미사일에 대해 제대로 된 대비도 없는데 일본은 일사불란하게 행동했다고 침 마르게 칭찬하지만, 이는 지나친 호들갑이다. 어마어마한 비용을 써가면서 국민을 대북 증오와 호전성으로 세뇌하는 심리전 장치다. 북핵문제의 해법에 대한 갤럽의 14개국 국제 비교조사에 따르면 러시아·독일·불가리아는 90% 이상, 미국에서도 압도적인 75%, 우리나라는 66%가 평화·외교적 해법을 지지했다. 그러나 유독 일본만 51%가 군사적 해결을 지지했다.

한도는 "국난이라 하는데 … 북조선 문제지요. 스스로가 만든 자작자연 아닙니까?"라고 꼬집었다. 시민단체는 "북조선 '위협'에 많은 국민이 공포를 느끼는 상황을 기화로 총선에서 헌법 개정에 필요한 의석을 확보하려는 아베의 술책은 어쩌면 나치의 수법을 상기케 하며, 입헌민주주의 정치는 최대의 위기에 직면하고 있다"고 했다.

기막히다! 일본은 한반도 분단의 원인 제공자고, 냉전·분단 상황에서 박정희·전두환 등 독재정권을 두둔해 왔으며, 식민지 지배 청산도 제대로 하지 않았다. 세계 최초이자 유일한 피폭국, 평화주의를 내세우는 일본이 세계의 어느 나라보다 호전적이고 파멸적인 대북 무력공격을 지지하다니!

아베의 '아름다운 나라' 일본을 되찾는 군국 부활 프로그램은 외조부인 기시 노부스케로부터 이어받은 것이다. 기시의 정치 신념은 '(미군) 점령하의 정치로부터 독립된 일본의 정치로'인데, 자주헌법, 자주국방, 자주경제를 통한 미국으로부터의 '독립의 완성'을 말한다. 천황숭배 군국주의자인 그는 A급 전범으로 투옥되었다가, 세계 냉전의 시작으로 일본을 동아시아 반공 보루로 만들려고 하는 미국의 노선 전환에 따라 기사회생하여 일본 총리에까지 올랐다. 겉으로는 철저한 친미주의자로 행세하면서 일본제국의 부활을 꿈꾼 자였다. 그는 1946년 수가모 전범감옥에서 일기(1946년 8월 10일)에 "(일본은) 경박하고 역겨운 민주주의, 자유주의에 들뜨고… (자주적인) 기백과 긍지를 가지지 못하고 있다"고 썼다(原彬久, <岸信介>, 岩波 新書, 1995, 126쪽).

일본에서 '센고(戰後)'란 제2차 세계대전 후를 가리키는 말이며, 보통 전쟁 후의 혼란기를 의미한다. 일본에서는 언제까지 '전후'인가 하는 논쟁이 이어져 왔는데, '전후'라는 개념 자체가 미군 점령에 의해 비주체적으로 만들어진 정치·경제·사회 체제를 말하고, 일본인의 주체적인 국가 건설이 또렷하게 없어서 '전후'가 매듭지어지지 못하고 계속되고 있다.

아베도 외조부 기시처럼 일본이 당당하게 자립할 수 있는 나라가 되어 '전후'의 종결자가 되기를 소원하고 있다. 이번 일본 선거를 보면서 전후 일본을 구속해 온 평화주의와 평화헌법은 대폭적으로 그 위력을 잃고 군사주의의 유혹에 대한 저항력이 약화되었으며, 일본은 이웃나라들과의 갈등을 더욱더 격화시킬 것으로 전망하게 되었다. 특히 가장 약한 고리인 북한 때리기는 더욱 기승을 부릴 것이며, 중국과는 앞으로 큰 마찰을 야기할 가능성도 있다. 미·일이 '동상이몽'을 하면서 평화 파괴적인 방향으로 상승작용을 하고, 동아시아에 불행한 결과를 가져올 가능성마저 있다.

일본의 군사화와 전쟁 선동의 구실을 없애고, 일본발 동아시아 안보위기를 봉쇄하기 위해서는 남북 화해와 평화 실현이 가장 핵심적인 과제가 된다. 이미 많은 논자들이 언급하고 있으나, 한국은 담대하고 획기적인 남북관계 개선을 위한 주도력을 발휘하지 않으면 안 될 것이다. 호전적인 트럼프와 아베가 주도하는 한·미·일 동맹에 기대지 말고, 대북 강압정책을 과감하게 포기하여, 북한을 국제사회의 정상적인 일원으로 받아들이도록 주동해야 한다.

    북한에 대해서가 아니라 미국을 향해서 이제는 전쟁위협과 군사연습을 중지하고, 북한과 평화조약을 체결해서 6·25전쟁을 정치·군사적으로 종결하고, 국교를 정상화하고 경제제재를 해제하라고 권유해야 한다. 그래서 그 실적을 바탕으로 남북 원원의 관계 속에서 공신력과 발언권을 확보하여 정상적 남북관계를 열어나가야 할 것이다.

_ 2017. 11. 1

진먼에서 38선 너머를 보며

"진먼다오(金門島)가 어딘데요?"

이야기할 때마다 되돌아온다. 내 어릴 때 신문 지면을 장식하고, 한반도의 운명과 샴쌍둥이처럼 묶여 있었던 섬. 이제 70년의 세월 속에 냉전의 상징, 진먼이 잊혀지는 것은 어쩌면 당연할지 모르겠으나, 격렬한 포격전의 이면에서 끊이지 않게 이어간 끈끈한 국민당과 공산당, 중국과 미국의 인연, 그리고 2001년의 '소삼통'* 이래 '냉전의 섬'에서 '평화의 섬'으로 놀랍게 거듭난 기적의 섬을 모르고서야 되겠는가? 한반도는 38선에 고착하고, 얼어붙고, 화석화되어 있는데….

1937년 7월 7일, '루거우차오(蘆溝橋)' 사변으로 일제의 중국 본토 침략

---

* 중국과 타이완은 2001년부터 진먼과 마조(馬祖) 지역에 한정해서 '상거래, 교통, 우편'의 자유화를 실시했으며, 2004년의 대삼통으로 이어갔다.

이 본격화되자 중국은 '거국항일'을 내걸고 국공합작하여 8년간의 잔혹한 항일전쟁을 이겨내고 광명을 되찾았다. 그러나 이내 중국의 미래를 건 국민당과 공산당의 내전이 벌어졌다. 1948년 가을 동북에서 제3야전군은 국민당 4개 병단 47만 명을 섬멸하고 전국 해방의 결정적인 고지를 점령한 데 이어, 노도지세로 주요 도시를 공략하여 1949년까지 전국을 거의 해방시켰으나 마지막 타이완으로 가는 길목에서 그만 걸리고 만 것이다.

진먼은 대소 두 개 섬으로 이루어지고, 인구는 12만 명(실제 거주자 5만 명), 면적은 151.7㎢로 강화도의 반만 하다. 섬은 중국 푸젠(福建)성의 대도시 샤먼(廈門)의 코앞 2㎞ 지점에 있으며, 타이완과는 200㎞ 떨어져 있다.

1949년 10월 1일 톈안먼에서 마오쩌둥이 신중국의 탄생을 선언한 직후, 10월 25일 자정을 넘어 9,000명의 인민해방군이 구닝터우(古寧頭) 등 3개 지점으로 대진먼에 상륙하여 3일간의 혈투에서 6,100명이 전사하고 3,000명이 포로가 되는 큰 패배를 당하고 말았다. 이 패인에는 배의 조달 등 인민해방군의 준비 부족, 간만 차가 많은 진먼다오의 지형조건이 불리하게 작용했다는 것, 4만의 병력에 전차를 다수 가진 국민당군에 비해 병력이 열세였다는 것, 그리고 일본군의 참전이 있었다.

구 일본군 주 몽골 사령관 네모토 히로시(根本博) 중장이 장제스에 의해 '린바오위안(林保源)'이라는 중국이름으로 국민당군 중장으로 임명되어, 일본군 패잔 장교 7명을 각 부대의 지휘관으로 배치하고 전투를 진두지휘하게 했다. 일본군의 참전은 오랫동안 비밀이었으나, 2009년 구닝터우 전투 승리 60주년 기념행사에 네모토의 자손이 초대되어 훈장을 받으면서 공개되었다.

중국군이 재정비하여 진먼을 공략하고자 했을 때, 6·25전쟁이 터져 중국은 한반도에 출병하여 타이완 공략작전에 돌릴 병력이 없어진 데다, 한때 중국 내전에 불간섭을 천명한 미국이 제7함대를 타이완해협에 급파하여 타이완 문제에 개입했다.

6·25전쟁이 끝나자 1954년에 '제1차 타이완해협위기'가 있었으며, 1958년 8월 23일부터 10월 5일까지 중국군이 47만 발의 포탄을 진먼에 쏟아부은 '8·23 포격전'이 있었다. 국민당군도 지금은 관광지가 되어 있는 사자산(獅山) 포진지 등에 사정거리 17㎞, 터지면 반경 87m의 구덩이가 파이는 어마어마한 미제 8인치 포를 오키나와에서 급거 옮겨와서 쏘아댔다. 중국군의 포격은 중·미 수교 직전인 1978년 말까지 20년간 계속되었으나, 섬은 요새화되어 견고해지면서 크게 효과를 보지 못했으며, 1964년 이후 점점 심리전으로 전환되어 갔다. 이틀에 한 번, 홀숫날 저녁 6시부터 7시까지만 포격하고, 포탄의 내용물도 선전삐라, 책자, 문방구, 과자, 배우사진, 돈까지…, 마치 한국에서 탈북자가 띄우는 풍선의 내용물과 흡사하게 되었다.

그와 아울러 중국과 미국은 진먼이나 한반도에서 이렇게 격렬하게 전투하면서 바르샤바에서는 비밀회담을 계속했다. 장제스는 맹렬히 반대했으나 미국은 몇 차례 진먼을 포기하려고 했으며, 마오쩌둥은 마음먹으면 가능한 진먼 공략을 일부러 하지 않았다고도 한다. 진먼을 점령해버리면 타이완과 200km의 망망대해를 두게 되고, 그렇게 되면 타이완의 독립성이 더욱더 뚜렷해질 수밖에 없다는 것이다. 물론 중국 전체의 정통정부를 주장하는 장제스도 '대륙반공(大陸反攻)'의 상징으로 진먼의 사수를 외쳤으며, 마오쩌둥도 진먼을 매개한 대륙과 타이완의 연속성을 중시하였으니, 양자는 동상이몽으로 '하나의 중국'을 '포격을 통한 대화'로 이어가고 있었던 것이다. 그래서 2000년대에 들어서 민진당 정권이 중국에 "진먼의 양보와 타이완 독립 승인을 맞바꾸자"고 제안했으나 일축당했다고 한다.

1979년 1월 1일에 포격이 멈추고, 1992년 42년 만에 계엄이 해제되었다. 한때 섬 인구의 2배, 10만 명을 넘었던 국민당군은 1만 명만 남기고 철수하여, 현재는 2,000명만 남아있을 뿐이라고 한다. 진먼 경비사령부의 군정하에서 군에 예속하여 온갖 폐단에 시달리면서도 군으로 먹고살았던 진먼은 다른 생계의 길을 찾아야 했다.

계엄 해제 후 타이완 정부는 군사시설의 관광화를 허가했다. 그래서 거대한 지하 해군기지나 포대, 심리전 방송국, 초소, 지하 벙커, 적 상륙 방해용의 용치, 지하 마을, 군사박물관, 포탄 탄피로 칼을 만드는 가게, 국민당군 위안소인 특약다실 등이 관광시설화되었다. 군정시기 군에 희생당한 진먼 민간 영웅들이 국민당군에 의한 피해자로 커밍아웃하는 기억의 역전 내지는 재구성이 이루어지고 있다. 소삼통으로 진먼은 양안의 중간지대라는 이점을 향유했으나, 대삼통의 시대를 맞이하여 대륙에서 물을 공급하는 파이프라인이 부설되고 샤먼과 다리로 연결되려는 지금, 진먼은 어떤 정체성으로 독자성을 주장하면서 '평화'롭게 살아갈 것인가 하는 과제에 직면하고 있다.

그러나 군인의 위락을 위해 만든 '진먼 고량주'가 이제 세계의 명품이 되어, 진먼은 타이완에서 가장 부유한 현(縣)이 되었다. 현민들은 술공장의 수익으로 교육, 복지, 생활의 각종 혜택을 누리고 있다. 진먼에 호적을 두고 있지만 이곳에 살지 않는 7만 명은 1년에 1인 7병씩 배당되는 고량주의 매력에 묶여 있다고 한다.

나는 '평화의 섬' 진먼에서 38선 너머를 바라보며, 우리도 '전쟁의 땅'에서 '평화의 땅'으로 거듭나기를 꿈꾼다.

_ 2017. 11. 29

일왕 방한이 답이 아니다

●
●
●

요즘 일본 천황 방한설이 슬슬 고개를 들고 있다. 그것도 일본이 아니라 교착상태에 있는 한일관계를 풀기 위한 초대형 카드로 정부·여당의 지일파들이 물밑에서 공을 들이고 있다고 한다. 강경화 외교부장관도 몇 차례 "천황의 방한이 실현되면 양국관계의 발전을 위해 큰 계기가 된다고 평가"했다. 이수훈 주일대사도 천황 방한에 대해 "한일관계를 한 단계 끌어올릴 수 있는 계기"라고 기대한다.

1984년 전두환 전 대통령의 방일 이래 한국의 역대 대통령이 일본 천황 방한을 한일간의 현안을 해결하는 특효약처럼 매달려 왔지만, 천황의 방한이 정말 한일간의 현안을 해결하는 특효약이 될 수 있을까?

조선이 천황 개인의 소유물이던 일제하에서도 해방 후에도 천황 방한은 단 한번도 없었다. 식민지 지배에 대한 열화와 같은 민족적 저항이 있어

조선에 왔다가는 안전을 기약할 수 없었기 때문이며, 해방 후에도 천황에 대한 민족적 분노와 원한이 해소되지 않았기 때문이다. 일본 측에서도 우익들이 천황이 위해나 수모를 당할까봐 방한에 반대해 왔다. 거기에는 지엄한 천황이라는 신격화와 우리 민족을 얕잡아보는 일본인의 반한·혐한 감정이 개재되어 있다고 볼 수 있다. 단순화한다면 천황 방한의 가능성은 한일간의 역사청산 수준의 척도라고도 할 수 있다.

한·일 간 갈등의 근본 원인은 일본의 한국병합조약이 적법하다는 일본 측의 인식에 있다. 식민지 지배, 피지배의 관계를 청산하고 주권국가로서 대등한 국교를 수립하고자 하는 취지의 한일조약에서 '병합조약은 이제 무효'라는 어구로 한국병합의 불법성을 호도하려 했다. 박정희 군사독재는 배상금도 보상금도 아닌 국교정상화 축의금으로 유·무상 5억 달러를 받아 일본의 식민지 지배 범죄를 면책했다. 일본은 그렇게 부정·불의하게 만들어진 조약이 날개를 달자 그 후 반세기에 걸쳐 세상을 누벼 왔으며, 악질 고리업자처럼 무슨 일이 있을 때마다 "너희가 도장 찍지 않았느냐"며 낡은 증서를 끄집어낸다. 쓰러져가는 박근혜 정부가 민의의 수렴도, 합의문의 공개도, 국회의 비준도 없이 외교장관의 구두 발표로 합의한 일본군 위안부에 관한 12·28 합의와 그 구도가 똑같다.

그런데 촛불정권 들어서도 누가 봐도 부당한 합의를 '최종적이고 불가역적'인 외교적 합의라고 주장하는 아베 정부에 정면으로 이의 제기를 하지 못하고, 무슨 TF를 만들어 검토하느니 하면서 '합의'가 불법적이고 문제의 봉인을 위한 것이라는 근본 문제를 제기하지 못하고 있다. '소통 부족'이 니 뭐니 하면서, 우리 국민의 눈치를 살피며 합의의 무효화와 재협상을 하지 않으려는 자세를 보이고 있다. 역사문제나 인권문제보다 외교적 업적을 과시하기 위해서 한·일 셔틀 정상회담이 더 필요하다는 것이겠다.

한일갈등을 부추기는 것은 아베정권의 행태이다. 아베는 일본제국주의의 범죄를 인정치 않고 그 영광의 부활을 꿈꾸는 자로서, 과거 청산에 대한 의지는 추호도 없고 중국이나 우리나라에 대한 민족적 우월감을 감추지 않는다. 그렇다면 일본 천황 방한을 추진하려는 지일파들의 심정과 논리는 무엇인가?

우선 일본 국민의 호감도가 80%를 넘는 천황이 방한한다면 혐한·반한에 찌든 일본 사람들의 한국에 대한 감정이 대폭 개선될 것으로 기대한다. 그러나 혐한·반한적 태도를 키우는 아베 정부에 대한 대응이 필요한 것이지, 천황의 인기에 기대어 일본 사람들의 호감을 얻으려는 심산은 너무 저열하다.

'지일파' 정치인이나 한국 언론은 아키히토 천황을 '평화주의자'이자 '호헌파'라고 치켜세우며 환상을 뿌리고 있다. 물론 아키히토가 교활한 아버지 히로히토보다 착할 수도 있으며, 성품도 야비한 아베보다 온화할 수 있다. 지난 10월, 1300여년 전 고구려에서 유래된 사이타마(埼玉)현의 고마(高麗)신사를 방문했으며, 2001년 기자회견에서 "나로서는 간무(桓武天皇)의 어머니가 백제 무령왕의 자손이라는 데에, 한국하고의 인연을 느낍

니다"라고 천황가의 뿌리에 대해서 언급한 점, 2019년 4월 30일로 예정된 퇴위를 앞두고 방한을 못 다한 과업으로 유념하고 있다고 말한 점 등을 들어 아키히토가 한국에 호감을 가지고 있다고 흐뭇해하는 정치인·언론인도 많다.

아키히토는 히로시마, 나가사키, 오키나와, 태평양의 섬에까지 해마다 전몰자에 대한 위령 순례를 지속하면서 일본 국민의 호감도를 높이고 있다. 1991년 동남아 국가를 대상으로 과거사 사죄 순방을 한 바 있고, 1992년 10월 23일 일본 천황 중 최초로 중국을 공식 방문해 "중국 국민에게 심대한 고난을 준 불행한 시기가 있었다"면서 중일전쟁 등 과거사를 사죄한 바도 있다.

그러나 천황이 한반도의 핏줄이라 하더라도 우리가 우쭐댈 이유는 아무것도 없다. 오히려 수많은 전쟁을 일으키고 희생자를 낸 천황이 우리의 핏줄이라면 부끄럽게 생각하는 것이 맞다. 천황이 위문 순례를 하는 것도 그 책임을 생각하면 오히려 당연하다고 할 수 있으며, 제국시대에 천황이 자기의 위세와 인자함을 과시하기 위해 한센 병원이나 고아원, 고도·벽지를 순시한 것과 같다고 볼 수 있다.

더욱더 심각한 문제는 일본에서 평화문제나 헌법문제가 나올 때 어쩌다가 나오는 천황의 말 한마디에 여론이 요동치는 점이다. 2006년 고이즈미 총리가 일본 종전의 날(8월 15일)에 야스쿠니신사를 참배한다고 했을 때 아키히토는 천황의 시종인 도미타의 메모를 누설하여 불쾌감을 나타냈다. 그것으로 고이즈미의 참배를 막지는 못했으나, 일본 여론에서 천황이 민주주의자고 평화주의자라며 호감도가 오르기도 했다. 그래서 천황의 선정에 기대어 그 날개 밑에서 숨쉬는 일본의 평화나 민주주의를 '천황제 평화주의'니, '천황제 민주주의'니 하고 비꼬기도 한다.

천황은 수천만의 사람을 죽음으로 몰아넣은 전범으로 단죄되어야 했음에도 미국의 패권전략 속에서 목숨을 부지하고, 일본 헌법에서는 신의 지위에서 '국가와 국민 통합의 상징'(헌법 제1조)으로 내려왔고, '헌법에 정해진 일정한 국사행위(國事行爲) 이외 국정(國政)에 관한 권리의 주장과 행사는 불가하다'(동 제4조)라고 규제되어 있다. 그럼에도 일본 천황은 은연중에 정치에 개입해 왔다.

한일간의 적폐청산은 어디까지나 현안에 대해 시시비비를 가리고 훗날 오해의 소지가 없도록 해야 한다. 하물며 '천황제 한·일 화해'가 되어서는 안 된다. 지일파의 업적 만들기에 끌려서 천황 방한을 서둘러서는 안 된다.

_ 2017. 12. 27

'마음의 상처' 문제가 아니다

12·28 위안부 합의(이하 '합의')의 파기와 재협상이라는 문재인 대통령의 대선공약은 무너져버렸다. 2017년 말 공약 실천을 위해 '합의' 내용을 조사하는 태스크포스(TF)가 구성되었고, 그 조사 보고서에 따라 2018년 들어 강경화 외교부장관이 "피해 할머니들의 의견을 반영하지 않은 합의는 위안부 문제의 진정한 해결이 아니다"라며 "일본 정부가 화해·치유재단에 출연한 10억 엔을 우리 정부 예산으로 충당하겠다"고 발표했다. TF의 보고서는 그 외에 이면 합의를 하고도 정부가 국민에게 거짓말했다는 점, '최종적이고 불가역적'이라는 말이 들어가는 과정의 문제 등도 지적했다.

문 대통령은 연초에 청와대로 할머니들을 초청해서 "진실과 정의의 원칙에 어긋났고 내용과 절차가 모두 잘못된 것"이라며 '합의' 파기를 강하게 시사했으며, 박근혜 정부의 '한·일 위안부 문제 합의'를 가장 대표적인 외교적 '적폐'로 규정했다. 그에 대해서 일본에서는 '합의'가 파기될까봐 크게 반발했다. TF의 보고서가 나오자 강경한 항의를 했을 뿐만 아니라, 아베 총리의 평창 동계올림픽 개막식 불참 카드까지 만지작거리며 위협했다. 그래서 문재인 정부가 크게 흔들리고, 한·일 관계의 중요성과 '미래지향'을 핑계로 꼬리를 내린 격이 되었다. 거기에는 내적으로는 북한의 평창올림픽 참가를 확보하고, 북·미 대화, 한반도 평화 실현까지 전망하면서 올림픽의 성공을 위해 일본이 재를 뿌리는 사태를 피하고 싶은 점도 있었을 것이다.

그래서 강 장관은 "양국 공식 합의라는 사실을 부인할 수 없어 재협상은 요구하지 않겠다"며 "일본 스스로 국제기준에 따라 진실을 인정하고 피해자의 존엄을 회복하며 상처 치유를 계속해 줄 것"을 요구했다. 피해자들의 바람이 "자발적이고 진정한 사과"라는 점도 덧붙였다.

그런데 보고서의 내용을 뜯어보면, 그동안 한·일 양 정부의 협상에서 과거 일본군 위안부 문제 해결과 관련해 가장 중요한 점으로 지적되어온 일본 총리의 사과 표명과, 정부 공금으로 할머니들에 대한 보상금 지불이 주안점으로 논의되어 '합의'가 만들어진 것이 드러난다. 따라서 문제는 협상과정의 불투명성과 문제해결의 요건을 사무적으로 충족하려 했던 것, 진정성이 없었던 점일 것이다. 억지춘향으로 영혼이 없는 합의를 한 배경은 일본군 위안부 문제를 여성인권 문제로 보고 일본을 비판하는 압도적인 국제적·국내적 여론에 대처해야 했으며, 세계 패권을 추구하고 북한을 포위하는 미국이 한·일 갈등이라는 걸림돌을 제거하기 위해 문제를 봉합하도록 강력한 압력을 행사했기 때문이다. 그래서 아베는 마음에도 없는 합의에 쓴 탕약을 마시듯 동의했고, 박근혜 전 대통령도 요식행위로 합의한 것으로 볼 수 있다.

문 대통령은 한·일 협상의 내막을 알게 되고, 일본의 반발과 그 배후에 있는 미국의 눈치도 고려해 '미래지향'이라는 과거를 은폐하는 상투어를 사용하면서 재협상 요구나 파기 선언을 하지 않고 협상 내용을 일부 수정하는 어정쩡한 봉합을 하게 되었다. 그래서 할 말을 잃어버린 문재인 정부는 "위안부 피해자들의 명예·존엄 회복 및 마음의 상처 치유를 위해 정부가 모든 노력을 해나가겠다"고 위안부 문제를 '마음의 상처' 문제로만 왜소화하니, '합의'에 대한 전면 검토는 용두사미가 되어버렸다.

물론 마음의 치유도 필요하지만, 1991년 김학순 할머니의 증언 이래 30년 가까이 싸워오고 이미 역사적 정의 실현의 주인공이 된 할머니들은 마음의 치유가 필요한 존재라기보다 오히려 전쟁과 군대, 일본군국주의의 범죄를 고발하는 운동의 주체가 되었으니, 정부가 마음의 치유로 문제를 절하하는 것은 오히려 할머니들을 잘못 본 것이 아닌가 한다.

위안부 문제에 대한 촛불민심 및 대선공약과 미·일의 압력이라는 '현실정치' 사이에서 고민한 문 대통령이 결국 '합의'에 반대하는 쪽도 찬성하는 쪽도 만족시키지 못할 어정쩡한 결론을 냈을 뿐만 아니라, 일본 아베에게 그의 정당성과 힘의 위력에 대한 자신감만 심어준 결과가 되었다. 1월 15일 <요미우리> 신문의 여론조사에 따르면, '합의'에 대한 한국 정부의 추가 요구를 거부하는 일본 정부를 지지하는 사람이 83%, 문 대통령의 방침을 납득할 수 없다는 사람이 86%, 한국을 믿을 수 없다고 하는 사람이 78%에 달했다. 즉, 대일관계 중시를 내걸고 '합의' 파기에서 물러선 문 대통령의 정책이나 심정이 일본인에게 전혀 이해되지 않을 뿐만 아니라, 오히려 역대 가장 모욕적인 반발을 사고 있는 것이다. 문 대통령은 국내에서도 공약 파기의 비난을 받고, 대일관계에서도 '악법도 법'이라는 식으로 '국가 간의 약속'을 존중한 결과, 오히려 당치도 않은 욕을 먹게 된 것이다.

정부가 이면 합의를 드러낸 것에 대해서 국내 보수언론도 일본에 발맞추어 '한·일 관계를 훼손'했다느니, '조약 상의 비밀을 드러내면 국가 간의 신의를 금가게 하고, 외교적 예의에도 어긋난다'느니 하고 있다. 비밀조약이란 국가권력이 왕이나 소수 특권자에게 장악되어 음모적으로 국익의 이름으로 그 자들의 개인 이익을 추구했을 때에 쓰이던 말이다. 국민이 주권자로 인식되는 시대에서는 구세기의 유물이고 매우 유해한 것이다. 이번 '합의'뿐만 아니라, '사드' 문제, '이명박과 UAE의 비밀군사동맹' 등 문제가 부지기수다. 외교뿐만 아니라 이때까지는 일반 국민에게는 알릴 필요 없다던 군사안보 문제까지도 국익이니 기밀이니 하는 말로 주권자의 눈을 피해서는 안 될 것이다.

여러모로 한·일 외교장관 간의 '합의'는 한일협정과 같은 기본구조를 가지고 있다. 불의의 베트남전쟁에 한·일을 끌어들이기 위해 미국이 한·일 공조를 압박했으며, 일본이 그 틈을 타서 일본의 식민지 청산이라는 원래의 뜻을 왜곡하여 일제의 강점에 대한 면죄부를 만들고, 독도 문제도 화근을 남긴 것이다. 무엇보다 그 후 문제점이 드러났음에도 국가 간의 약속이라고 해서 그냥 오늘까지 살아남은 것이다. 그런 논리라면 '합의'도 마찬가지로 영원한 우리의 족쇄가 될 것이다.

문재인 정부는 국민주권시대의 정권으로, 주권자를 존중하고 투명하고 공정한 정치로 압도적인 국민적 지지를 받고 있다. 일부 외교 '전문가'의 말에 휘둘리지 말고 장기적인 안목으로 정정당당하게 일본을 대해야 할 것이다.

_ 2018. 1. 24

베트남 민간인 학살과 일제의 그림자

동아시아 현대사를 뚫고 흐르는 국가폭력과 저항의 발자취를 찾아 5년 만에 베트남을 찾았다. 화가, 만화가, 사진가, 소설가, 스님 등으로 구성된 10여명의 기행단의 목적은 베트남전쟁에서 한국군의 민간인 학살 현장 답사와 소년·소녀 종군화가들을 만나는 것이었다.

2015년 10월, 홍성담 화가와 함께 일본 도쿄 롯폰기에 있는 모리미술관에서 '딩 큐 레이(Dinh Q Le)전'을 보고 감동을 받았다. 딩은 1978년, 열 살의 어린 나이에 부모와 함께 보트피플로 미국으로 건너가 미술가가 되었고, 지금은 저명한 작가로서 베트남과 미국에서 작품활동을 하고 있다.

그때 가장 인상적이었던 딩의 작품은 전쟁 당시 열너댓 살의 소년·소녀들로, 1년간 미술교육을 받고 전선에 배치되었던 종군화가들과의 인터뷰를 묶은 비디오 작품이었다. 그들은 전선에서 전사들 하나하나에게 명함

크기의 포트레이트 초상화를 그려주고, 때로는 전사들을 위해 고향 마을의 풍경과 베트남의 자연을 그려 빨랫줄에 집게로 매달아 밀림 속에서 전시회를 열기도 했다. 그중 한 소년은 1975년 사이공 해방 시에 전차에 올라타고 입성하다가 유탄이 눈을 스치는 바람에 눈에서 피를 흘리면서도 흐르는 피를 손가락으로 찍어 즉석에서 호찌민의 초상화를 그렸다. 다분히 영웅적인 이 이야기는 베트남 인민해방군의 격렬한 저항정신을 상징하고 있다.

나는 세계에서 유례가 없는 꼬마 종군화가들과 만나 이야기를 들어보려고 딩에게 연락했다. 비서로부터 딩은 출장 중이지만, 우리가 베트남에 머무는 2월 9일부터 13일 사이에 돌아온다는 대답을 들었다. 그런데 이틀 전에 약속을 확인하기 위해 비서에게 연락을 했더니, 딩이 사는 사이공(호찌민)으로 오라고 하지 않는가! 나는 그가 하노이에 있다고만 믿었는데 일반적인 선입견이었다. 이렇게 우리 답사의 제1 목표가 사라져, 하노이에서는 호찌민 묘와 호아로(화로) 정치범 감옥을 견학하고 다낭으로 떠났다.

죽으면 장례를 지내지 말고 유해를 조국의 산하에 묻어달라고 했던 그의 유언과 달리 방부처리되어 유리상자에 영원한 생명을 가지고 들어있는 '호 아저씨'와 오랜만에 대면했다. '독립과 자유'를 외치며 끝까지 싸워 제국주의자를 몰아낼 것을 주문한 그는 세계사에서도 드문 '성공한 혁명가'이며, 청빈 검소함으로 인민의 사랑을 받은 구도자적인 위인이다. 그가 중국 광시(廣西)성의 감옥에 1942년 4월 말부터 1년 반 투옥된 시기에 한시로 쓴 <옥중일기>를 호찌민기념관의 서점에서 샀다. 열악한 옥중생활에서도 항상 유머와 위트를 잊지 않은 그의 일기는 다음의 시로 시작한다.

"이 몸은 옥중에 있어도/ 정신은 밖에 있다/ 큰일을 이루려면/ 더 큰 정신이 필요하네(身體在獄中/ 精神在獄外/ 欲成大事業/ 精神更要大)."

하노이의 호아로 감옥은 19세기 말 프랑스가 만들었는데, 해방 전에는 베트남의 혁명가들이 한번은 거쳐가는 장소였다고 한다. 도시 한가운데에 있고 그다지 위압적으로 보이지는 않았으나, 방에는 벽에서 벽까지 족쇄가 달린 쇠기둥이 가로로 박혀 있었다. 수인들은 거기에 노예처럼 묶였다. 옥중에는 프랑스에서 가져온 두 대의 단두대가 눈길을 끌었다. 베트남전쟁 중에는 격추된 미군 비행사 등을 수용했으며, '하노이 힐튼호텔'로 세계에 알려졌다.

1964년부터 파병된 한국군은 거의 상륙과 동시에 민간인 학살을 저질렀다. 2015년 베트남 노동당 정치국 전쟁범죄 조사보고서는 베트남전쟁 기간 중 한국군에 의해 학살된 민간인 희생자를 5,000여 명으로 보고하고 있고, 민간인 학살 연구자들은 중부지역에서 작전을 전개한 한국군에 의한 학살은 약 80건, 9,000여 명에 이를 것으로 추정하고 있다. 우리는 꽝응아이성의 미라이와 빈호아, 꽝남성의 퐁니·퐁넛, 그리고 하미 등 네 군데를 찾았다.

미군의 소대가 송미마을 주민 504명을 학살한 미라이사건의 현장은 홀륭한 자료관과 더불어 잘 보존되어 있었다. 거기서 작년에 퇴직한 팜 탄 꽁 관장의 이야기를 들었다. 그는 사건 당시 여덟 살, 기적적으로 살아남은 세 명 중 한 사람이다. 해방 후 고아원을 거쳐 교육을 받아 관장까지 되었다고 한다.

하미 학살사건은 1968년 2월 22일 한국 해병부대가 꽝남성의 하미마을을 급습하여 생후 두 달의 갓난아기를 포함한 아녀자들을 중심으로 135명을 학살한 사건이다. 한국군의 수법은 거의 마찬가지다. 마을 사람들을 집합시켜놓고 여자들을 강간하고, 무차별 사격과 수류탄으로 학살한 후 마을을 불사른 악귀와 같은 만행이다.

이러한 만행에 대해 한국에서는 일찍이 강정구·한홍구 교수가 "일제의 지배를 받았다고 자기들의 피해성만을 볼 것이 아니라 가해성도 봐야 한다"며 '미안해요, 베트남' 운동을 일으켰다. 요즘은 한국·베트남평화재단을 중심으로 국가배상 청구소송도 제기되어 있으며, 관심이 고조되어 있다. 물론 미국의 압력이 있었다 하더라도 한국 정부의 책임은 추궁되어야 마땅하며, 인도주의니 정의의 심판이니 하는 일반적인 접근만으로 미흡하다고 생각한다.

한국군 만행의 현장을 보고 증언을 들으면서 바로 제주 4·3사건이나 거창 학살사건, 백선엽군이 지리산 일대에서 벌인 잔인무도한 '토벌'작전이 떠올랐다. 거기서 작전을 지휘한 장성들은 일제의 군사교육을 받고 만주에서 전략마을을 만들어 항일운동을 소탕한 '간도특설대'나 관동군 또는 만주군 출신자들이다. 베트남 인민들이 당한 천인공노할 학살 만행은 만주에서, 제주에서, 지리산에서 우리 민중들이 이미 당해온 고난인 것이다. 게다가 우리나라에서는 이른바 '친일파'가 아직도 생생하게 이 사회의 중심부를 장악하고 있다. 그렇다면 우리는 박정희와 학살 군사지휘관들의 책임을 물어야 하지만, 무엇보다도 우리 속의 일제잔재 청산을 완수해야만 베트남인 학살사건에 대한 진정한 과거 청산을 할 수 있을 것이다.

일본에서 과거 청산에 가장 부정적인 우익들은 한국군의 베트남 인민 학살사건에 매우 높은 관심을 가지고 있다. 일제의 만행을 규탄하는 한국인에게 "너희들이 한 짓은 뭐야?"라고 말하고 싶은 것이다. 그러나 그 만행은 일찍이 아시아에서 일본군이 저지른 일이고, 일본군의 전통을 이어받은 한국군의 폭력적인 군사훈련에 의해 단련된 일본군의 분신들이 저지른 악행이라는 것을 잊어서는 안 될 것이다.

_ 2018. 2. 21

'신뢰와 상생', 한반도 평화의 길

●
●
●

　아무도 예측하지 못한 놀라운 일이다. 전쟁으로 치달았던 한반도 정세가 급전하여 남북정상회담은 물론 북·미 정상회담까지 실현하게 되었으니!

　2018년 벽두 김정은 국무위원장의 신년사를 신호탄으로 남북이 평화 올림픽의 감동을 연출해냈다. 그것이 남북대화로 이어지고, 2월 5일 특사단이 방북하여 뜻밖의 큰 성과를 올렸다. 그 성과는 4월 말 판문점 '평화의 집'에서 제3차 남북정상회담 개최, 남북정상 간 핫라인 개설, 체제안전이 보장되면 핵을 포기한다는 김 위원장의 표명, 북·미 대화 용의 표명, 핵·미사일 실험 중단 등이다.

　주목할 일은 김 위원장이 먼저 정상회담을 남쪽에서 하자고 하고, 4월의 한·미 군사훈련을 "이해한다"고 한 대목이다. 이른바 대화를 순조롭게 끌어가기 위한 '선제 양보'다. 이것으로 김 위원장은 '담대하고 솔직하다'

는 평을 얻게 된다. 김 위원장의 거리낌 없는 행보는 문재인 대통령 취임 후의 진솔하고 상쾌한 행보를 방불케 한다. 이 성공은 목숨 걸고 평화를 지켜내겠다는 문 대통령의 의지가 큰 구실을 했다.

그러나 한반도 평화와 남북협력 실현까지는 멀고도 험난하다. 그중에서도 일본 문제가 있다. 일본은 오랫동안 미국의 종속변수로, 독자적으로 한반도 정세를 호전시킬 수는 없으나 방해는 할 수 있다. 그동안 아베는 전쟁불사의 가장 강도 높은 대북압박론으로 일관하여 평창올림픽에서도 북한의 '미소외교'에 속지 말고 올림픽 후에 바로 한·미 훈련을 실시하도록 문 대통령에게 '충고'했다. 그는 특사단이 트럼프에게 방북결과 보고를 하기 위해 3월 9일에 방미한다고 하자 트럼프에게 전화하고, 북한이 대화로 나온 것은 트럼프와 아베의 '제재와 고도의 압박정책'의 성과라고 자찬하면서, 북한에 시간을 주지 말고 최대의 압력을 계속하자고 주장하고, 4월 초에 미·일 정상회담을 하고 북·미 대화에 대못을 박으려고 획책했다. 그러나 트럼프가 뜻밖에 즉석에서 북의 제안을 받아들여 5월 내 북·미 정상회담을 한다고 공표를 해버리니, 아베의 계산이 빗나가고 '재팬 패싱'을 걱정하게 되었다.

그래서 3월 16일 아베는 자세를 180도 바꾸고, 문 대통령에게 전화해서 "북한의 태도 변화를 이끌어낸 것은 문 대통령의 리더십"이라고 치켜세웠으나, 비핵화를 위한 북한의 구체적 행동을 이끌어내기 위해 한·미·일의 공조 강화를 주문하고, 남북회담에서 일본인 납치 문제를 거론해줄 것을 요구했다. 게다가 한·중·일 정상회담 조기 개최, 한·일 셔틀 정상회담을 제의하는 등 한반도 문제에서 일본의 입지와 지분을 요구하려고 안간힘을 썼다.

그는 부정한 학원지원사건인 '모리토모학원' 문제에서도 허위와 기만으로 일관해 왔지만, 외교에서도 민족차별의식을 밑에 깔고 철저히 냉소적인 자세로 대해 왔다. 지금 압도적인 화해, 대화 분위기를 거역할 수 없어서 어쩔 수 없이 따르는 척하지만, 그의 심중은 북한 핵·미사일 위협론과 납치문제를 최대한 악용하면서 일본의 군사화, 우경화, 헌법개악 추진으로 재미 본 기왕의 상황을 그리워하고, 기회만 있으면 한반도 화해·협력에 찬물을 끼얹으려 하고 있을 것이다.

이런 비뚤어진 냉소적인 시각이 아베 집권 8년 동안에 지금의 문 대통령을 '친북·반일'이라고 폄하하게끔 많은 청소년에게도 영향을 미쳤다. 2월 9일 평창에서 문 대통령에게 '일본군 위안부 피해자' 문제와 관련해 고압적인 태도를 취한 데에 대해, NHK의 여론조사에서는 일본 국민의 72%(크게 평가 34%, 어느 정도 평가 38%)가 아베를 지지했고, 남북대화를 65%(전혀 평가 안 함 28%, 별로 평가 안 함 37%)가 부정적으로 보고 있다. 그러니 동아시아 평화를 위해서는 정권만이 아니라 일본인들의 인식전환이 필요하다.

앞의 졸고 '베트남 민간인 학살과 일제의 그림자'를 일본 우익은 내가 '베트남 민간인 학살은 일본의 탓'이라고 주장했다고 왜곡하면서, 바로 번역하여 매체에 뿌렸다. 우리나라에서도 잘 읽지 않는 칼럼을 바로 번역·살 포하는 일본 우익의 부지런함에 감탄한다. 이걸 받아 2월 26일 유신회 출신의 자민당 스기타(杉田水脈) 의원이 중의원의 예산위원회에서 "이런 반일적인 학자에게 문부과학성의 과학연구비 수억 원을 지급하고 있다"고 추궁했다. 그 소식이 인터넷에서 확산되어 우익들이 전차처럼 생긴 새까만 선전차(街宣車)를 몰고 내가 재직한 리쓰메이칸대학에 와서 큰소리로 "서승을 끌어내라!"고 난리를 쳤다. 게다가 대학에 밤낮 없이 협박전화를 하는 등 업무방해를 계속했다.

이에 대학 측은 내게 대학과 모든 관계를 끊으라고 해왔다. 나는 이미 7년 전에 퇴직하고, 지난 1월에 마지막 강의를 마쳤는데도 말이다. 참으로 개탄스러운 일이다. 이전 리쓰메이칸대학 같으면 '대학의 자치, 학문과 언론의 자유'를 내걸고 우익의 부당한 공갈을 단호히 거부했을 텐데 우익의 기세에 찔려 꼬리를 내리다니….

우선 내가 학술지원금을 받은 것은 거의 20년 전의 일이며, 연구주제는 베트남 민간인 학살이 아니라 '한국의 민주 발전에 관한 법·정치적 연구'였으며, 그것도 공동연구를 한 교수 10여 명을 대표해 받은 것이었다. 우익 정치가가 연구주제를 운운하는 것 자체가 학문의 자유에 대한 중대한 침해다. 게다가 내 글은 일본의 책임을 물었다기보다, 우리 안에 있는 일제 잔재를 문제 삼은 것이었다.

"(베트남에서의 한국군의 만행으로)… 제주 4·3사건이나 거창 학살사건, 백선엽군의 지리산 일대에 대한 잔인무도한 '토벌' 작전이 떠올랐다. 거기서 작전을 지휘한 장성들은 일제의 군사교육을 받아 만주에서 전략마을을 만들어 항일운동가들을 소탕한 자들이다. 우리는 박정희와 학살 군사지휘관들의 책임을 물어야 하고, 무엇보다도 우리 속의 일제 잔재 청산을 완수해야만 베트남인 학살사건에 대한 진정한 과거청산을 할 수 있을 것이다"라고 했으며, 일본 우익에도 일본의 과거청산을 촉구한 것이다.

남북 화해·협력, 동아시아의 평화 실현을 위해서는 상대방에 대한 불신과 기만을 기본으로 하는 비비 꼬인 국제정치의 술수를 가지고서는 안 된다. 정정당당하고 솔직하고 서로 신뢰하는 태도로 임해야 할 것이다. 하물며 같은 겨레끼리 서로가 상생·번영할 수 있는 길을 지긋한 사랑으로 추구해 나가야 할 것이다. 그런 점에서도 문 대통령에게 크게 기대한다.

_ 2018. 3. 21

'제주4·3 민중항쟁'이라는 정명 붙이기

제주4·3사건 70주년 추념식이 성대하게 치러졌다. 제주와 서울에서 많은 사람들이 참여해 다양한 행사가 이어지고, 12년 만에 대통령이 위령제에 참석했다. 문재인 대통령은 추념사에서 "유족과 생존 희생자들의 상처와 아픔을 치유하기 위해 정부 차원의 조치에 최선을 다하는 한편, 배·보상과 국가트라우마센터 건립 등 입법이 필요한 사항은 국회와 적극 협의하겠다"고 밝혔으며, "4·3의 완벽한 해결을 위해 흔들림 없이 나아갈 것을 약속"했다. 이렇게 보면 제주가 정권교체의 성과를 가장 두둑이 누렸다고 하겠다.

그러나 4·3유족회 등 4·3운동 쪽에서 70주년의 투쟁목표로 삼은 '정명'과 '미국의 사과'는 이루어지지 않았다. 4·3사건 당시 한국은 미군정 치하에 있었으며, 제주 민중에 대한 경찰의 포악질은 미군정의 감독 아래 이루어졌다. 1948년 한라산 입산 금지령이 반포된 이후에는 미 군함이 제주를 에워싸고 해안에서 5㎞ 일원의 입산 금지지역에 대한 함포사격으로 한라산 중산간 지역에 대한 초토화 작전을 주도했다. 민중학살에 대한 미국의 책임을 공식적으로 묻게 된 것은 획기적인 일이다.

'정명(正名)'은 원래 공자가 한 '名不正則言不順, 言不順則事不成'(명분이 바르지 않으면 말이 순리에 맞지 않으며, 말이 순리에 맞지 않으면 일을 이룰 수가 없다)에서 나온 말이다. <논어>에는 제(齊)나라 경공(景公)이 이상적인 정치를 공자에게 묻자 '군군신신부부자자(君君臣臣父父子子)'라고 답하는 대목이 있으니, 제각기 자기 명분에 따라 행동하라는 말이다. 각자가 분수를 알고 틀을 넘지 말라는 봉건적인 신분윤리라고 할 수 있다.

그러나 제주4·3운동에서 말하는 '정명'은 김석범 작가가 말하듯이 '민중의 역사'의 관점에서 4·3사건에 정당한 이름을 부여하고 "제주 평화공원에 누워있는 4·3 백비에 (정당한) 이름을 새기고 바로세우는 것"을 뜻한다. 93세의 재일동포 김 작가는 "제주4·3 정명운동이 역사 바로세우기"라고 했다. 그 내용인즉 '미군정 3년과 이승만이 정권을 잡기 위해 친일파들을 끌어들인 엉터리 역사 등에 대한 제대로 된 자리매김'이라고 했다.

1999년에 성립한 '제주4·3사건 진상규명 및 희생자 명예회복에 관한 특별법(4·3사건법)'에는 광주5·18의 '민주화운동'처럼 사건의 성격을 규정하는 말이 없다. 다만 2조(정의)1항에 '1947년 3월 1일을 기점으로 1948년 4월 3일 발생한 소요사태 및 1954년 9월 21일까지 제주도에서 발생한 무력충돌과 그 진압과정에서 주민들이 희생당한 사건'이라고 했을 뿐이다. 즉, 해당 기간에 일어난 폭력사태로 사람들이 죽은 사건이며, 누가 가해자고 누가 피해자인지, 무엇 때문에 폭력사태가 일어났는지 명시하지 않았다.

"친일파와 이승만정권 같은 엉터리들의 역사인 해방공간 3년의 역사의 절반은 엉터리다. 앞으로 우리의 과제는 바로 통일조국, 친일파 척결이란 대한민국의 첫 번째 민주주의 운동이 제주4·3이었다는 정명을 백비에 새기는 것이다"라고 김 작가는 말한다. 그러니 '정명운동'이란 '역사인식운동'이라고 할 수 있다. 제주4·3사건은 오랜 역사를 통해 금기의 영역에 봉인되어 왔다. 유신독재가 무너지고 신군부정권이 막을 내리는 1990년대에 겨우 논의를 시작하고, 1998년의 '냉전과 국가테러리즘' 국제심포지엄을 거쳐 1999년에 4·3사건법이 성립하면서 4·3사건이 비로소 공식공간에 등장했다.

그러나 입법을 추진한 4·3운동 측의 입장은 4·3사건은 아무것도 모르는 무고한 백성들이 느닷없이 학살당한 사건이라는 것이었다. 그 당시 4·3운동 내부에는 두 가지 입장이 있었다. 하나는 무고한 양민 학살설이고, 두 번째는 미군정의 민족 분단과 반공 친일파 등용정책에 맞서는 '자주통일, 반미' 항쟁이었다는 설이다.

실상은 당시 500여 명으로 추산되는 남로당 제주지부 및 무장대의 지도 핵심은 해방공간의 정세를 정확하게 파악하고 있었으며, 제주인민위원회 결성 등 정치운동을 주도하는 등 깨어있는 집단이었다. 3만 명이라는 4·3 희생자의 많은 부분은 무고한 사람들이었을 텐데, 4·3사건법 성립 당시 자유민주주의(반공) 체제하에서 합법공간의 확보가 선결 문제라는 현실주의에 밀려 '양민학살설'이 주류를 차지하고 통용되어온 것이다.

70주년 추념사에서 문 대통령은 " '무고한 양민'들이 이념의 이름으로 희생당했습니다. … 양민들이 영문도 모른 채 학살을 당했습니다"라고 했다. 문 대통령은 이번에 제주에 많은 선물을 가져다주었으나, 역사인식에서는 낡은 '양민학살설'에 머물고, '양민'이라는 잘못된 용어를 사용한 점이 아쉽다. '양민'이란 지배자의 눈높이에서 백성을 양민과 비'양민'으로 나누어 비'양민'은 죽여도 된다는 함의가 있어서, 요즘 학회에서도 운동권에서도 '민간인'이라고 하지 '양민'이란 말은 사용하지 않는다.

제주에서 학살이 자행되어 그 기억까지 말살된 다음에 4·3이 명맥을 유지해온 곳이 2만 명 이상으로 추정되는 정치난민들이 피란 간 일본이었다. 1950년대 재일동포 사회에서는 4·3을 '인민봉기' 또는 '인민항쟁'이라고 하는 선구적인 간행물들이 나왔다. 김석범 작가는 4·3사건을 인민(민중)항쟁이라는 데 초지일관하고 있으니, 이번 '민중항쟁'설의 부활은 우리 사회의 변화를 나타내고 있다고 할 수 있다.

한 20년 전에 김석범 작가와 몇몇이 도쿄 신주쿠에서 술자리를 함께했다. 거기서 한 재일제주인이 "제주4·3 비극의 책임은 군사모험주의에 치달은 남로당에 있다"고 하자, 김 작가는 그 말을 가로막고 "남로당도 책임이 있겠으나, 제주4·3의 학살을 용인하고 제주에 함포사격을 가한 미국놈에게 가장 큰 책임이 있는 것은 분명하다"고 열화와 같이 화를 내고 꾸짖은 것을 기억한다. 그 후에도 4·3운동의 선각자 김명식 씨 등의 입장도 '인민항쟁설'이다.

'항쟁설'은 그간 권력에 의해 압살되어 왔으나, 운동 측의 자기 검열과 자기 규제에 의해 금압되어온 면도 있다. 그러니 4·3운동의 목표는 우리나라 현대사의 전면적인 재인식과 연동되는 장대한 과제를 안고 있다고 하겠다.

_ 2018. 4. 18

솔직한 '한·일 시민연대'가 필요하다

2018년 4·27 남북정상회담 이래 한반도 평화 프로그램은 일사천리로 전개되어왔다. 정말로 파격에 이은 파격이다. 남북 정상의 만남은 형제 같고, 옛 동무끼리의 만남같이 '순수하고 솔직한' 만남이었다.

그런데 이 시점에서 6월로 예정된 북미회담도 그럴까? 김정은 위원장은 여전히 천진하다고 보일 만큼 겁 없고 담대한 행보를 하지만, 과연 국익을 놓고 권모술수와 기만, 그리고 협박과 허장성세가 판치는 국제정치의 마당에서 통할까? 게다가 인종주의적이고 여성차별적인 '장사꾼' 트럼프 대통령을 믿어도 되는지 걱정이다. 북에서 다 내려놓고 핵·미사일 없는 발가벗은 맨몸이 된 다음에 미국이 이빨을 드러내면 어떻게 될까?

중재자이자 보증인을 자처하는 한국이 트럼프 대통령 주변 뉴라이트들의 사악한 속임수를 막아내고 한반도 평화를 담보해낼 수 있을까? 한국에는 이미 몸을 던져서 담보해야 하는 책임이 생긴 것이 아닌가?

앞선 칼럼에서 말했지만, 일본은 대북 압력정책의 맨 앞장에 서서 제재에 의한 북한의 붕괴를 바랐는데, 남북정상회담 이후 상황이 급변했다. 일본이 오히려 '모기장 밖으로 밀리'는 형국이다. '일본 패싱'의 위기에 봉착한 아베정권은 한반도 문제에 숟가락을 얹으려고 몸이 달았으며, 존재감을 과시하고 몽니를 부릴 수 있는 기회가 없을까 호시탐탐 노리고 있다.

나는 외교·안전보장 문제를 국가의 전유물이라고 생각하지 않으며, 강정 해군기지 문제나 소성리 사드 설치에서 주민들의 결정권을 존중해야 한다고 생각한다. 이제는 '주민의 안전보장', '민중의 안전보장'이 실현되어야 하고, 서로 신뢰하고 선제 양보로 이어지는 포용적인 '윈윈' 외교의 가능성을 모색해야 할 것이다.

물론 19세기 이래 적십자운동처럼 분쟁 완화 또는 갈등 해소를 위한 인도주의적 민간인 활동이 있어왔다. 국권(또는 국가)주의적 역사인식을 넘어 참된 상호이해나 상생·화해의 길도 있다. 그중에 일본군 위안부 문제나 강제 연행, 베트남 민간인 학살 문제 등 가해자가 피해자의 입장에 다가서는 시민교류나 연대가 없는 것은 아니다.

이런 데에서 공통의 역사인식이 만들어지는 것이다. 정부 차원의 소통 내지는 역사인식의 접근이 어려울 때는, 정부 차원의 외교가 있더라도 민간 차원에서 교류·소통에 한층 힘을 써야 한다. 그래서 일본 정부는 물론 일본 사회 전체의 정서가 반한 무드에 휩싸여 더욱더 멀어지는 한일관계를 타개할 수 있는 하나의 가능성으로 한·일 시민교류의 사례를 소개하겠다.

2018년 4월 26일 윤봉길 의사의 의거를 기리기 위한 윤봉길평화축제 참가차 가나자와(金澤)의 방문단 20명이 서울에 왔다. 이들은 주로 일본 사람으로 구성된 '윤봉길과 함께하는 모임'과 재일동포로 구성된 월진회 일본지부 구성원들인데, 그 중심의 일본인은 사민당 소속인 이시카와현의회 의원, 가나자와시의회 의원, 하쿠산시의회 의원과 대학교수, 중·고등학교 교사들과 노조원들이다.

월진회는 윤 의사가 일찍이 1929년에 예산에서 만든 농민운동단체의 후신으로, 일본지부는 주로 암장지에서 윤 의사 유해를 발굴, 송환하고 암장지를 보존해온 재일동포들로 구성되어 있다. 내가 그들과 처음 만난 것은 2014년 7월, 대한민국임시정부기념사업회가 주최한 독립운동 사적지 답사를 따라갔을 때였다. 그 후 몇 차례 강연이나 심포지엄에 초청을 받기도 하고 몽골이나 하얼빈 기행도 했다.

이미 널리 알려져 있듯이 윤 의사는 1932년 4월 29일, 상하이의 홍커우공원에서 열린 천장절(天長節·일왕 생일)의 축하회장 단상에 폭탄을 투척하여 상하이 파견군 사령관 시라카와 대장과 가와바다 거류민단장을 사망케 하고, 제3함대 사령관 노무라 중장, 우에다 9사단장, 시게미쓰 주 상하이 공사(후에 외무대신), 무라이 총영사, 도모노 거류민단 서기장 등에게 중상을 입히는 항일투쟁을 감행했다. 윤 의사는 현장에서 체포되어 5월 25일 상하이 파견 일본군법회의에서 사형선고를 받았다.

이후 오사카를 거쳐 11월 19일 9사단 본부가 있는 가나자와에서 오전 7시 40분쯤 눈을 가리고 이마에는 일장기와 같은 표적을 그린 머리띠를 두른 채 앉은 자세로 십자가에 묶여 총살당했다. 잔인하다! 25세의 꽃다운 나이에 잔인무도한 처형이다. 시신에게 모욕을 주기 위해 사람들이 밟고 다니도록 가나자와 노다야마 육군묘지의 좁은 통로 밑에 암장되었다.

윤 의사의 의거는 안중근 의사의 이토 히로부미 격살 못지않게 일제를 전율케 한 큰 사건이다. 일본인의 눈으로 보면 아주 중대한 테러범으로 인식될 것이다. 그런데 해방 직후에 시신을 발굴하여 본국에 송환한 재일동포들은 그렇다 쳐도, 1995년 시작하여 2005년 전후에 '윤봉길 의사와 함께하는 모임'으로 개명하고, 일본에서 반한·반조선의 헤이트 스피치(민족증오 선동)가 기승을 부리는 시기에 '매국노'라는 매도를 받아가면서 윤 의사 유적지 보존사업과 기념사업, 출판과 심포지엄·전시회 개최, 윤 의사 고향인 예산과 교류를 하며 사업을 꾸준히 이어온 것은 주목할 만하다.

방문단 단장으로 독일사 전공자인 다무라 호쿠리쿠대학 명예교수는 "한국에 대한 일본의 식민지 가해를 한국인의 입장에 서서 사실대로 인식해야 참된 한·일 연대의 길이 열린다"고 한다. 과거청산을 제대로 해야 한다는 말이다. 옛날에도 조선인과 일본인이 손잡고 반제국주의 투쟁에 나선 일이 많다.

물론 이와 같은 역사인식을 일반화하기는 어려울 수 있다. 그러나 일본에서 북한위협론을 부추기면서 안보를 위한 한·일 공조를 주장한다든지,

역사의 본질을 똑바로 보지 않고 호도하려는데 한·일 관계 개선을 이유로 일본을 편들 수는 없다. 상대방에 대한 배려와 공동번영의 의지를 깔면서도 속임수를 쓰지 않고 솔직·담백한 대화를 통해 정도를 가야 할 것이다. 아베의 일본이 동아시아 지역에서의 평화 창조를 위한 협력자로 인식되지 않고 방해요인으로 간주되고 있는 현실이 그것을 웅변하고 있다.

그렇다고 일본과의 연대 문제에 손을 놓고 때만 기다릴 것인가? 참된 상호 이해와 협력을 위해 자그마한 일에서라도 꾸준히 사람과 사람의 만남을 이어가는 것이 중요하다.

_ 2018. 5. 16

평화의 길도, 통일사회도 '갈 길은 멀다'

조선과 미국의 정상 간 첫 만남이었다. 70년이나 이어온 전쟁이 종결되고, 새로운 동아시아 평화의 시대가 열리는 시점이다. 제재 속에서 고립되어 세계에 대한 분노와 적개심으로 고슴도치처럼 바늘을 곤두세웠던 나라가 드디어 사람들 앞에 그 모습을 드러냈다.

살아서 이런 광경을 보게 되리라고 생각하지 못했다. 그러나 이 '역사적 대사변'을 눈앞에 두고 통일의 열망에 불타던 젊은 날처럼 내 가슴은 뛰지도 않고 뜨거운 눈물이 솟구치지도 않았다. 이번 조·미(조선과 미국) 회담은 통일을 논하는 자리가 아니고, 통일의 전제인 평화를 논하는 자리였다. 겨우 6·25전쟁 종결의 문턱에 들어섰다. 싱가포르에서 조·미 합의가 이루어졌어도 앞으로 핵무기 해체의 길고 지루한 실무교섭이 이어질 것이며, 그 과정에 트럼프의 변덕을 비롯해 무수한 장애물이 기다리고 있다.

비핵화 대 안전보장이 행동 대 행동의 원칙에 따라 톱니바퀴가 맞물리듯이 순조롭게 돌아갈지는 알 수 없는 노릇이다. 냉정하게 말하면 미국이라는 거인의 패권에 맞섰던 다윗이 너무나 힘겨워서 싸우기를 그만두었다고도 볼 수 있다. 그렇다고 미국이 위세를 부리고 고개 숙인 조선을 밟으려고 한다면 자존심을 걸고 결사 저항을 할 수도 있다. 미국의 조선을 하나의 독립된 인격으로 대하면서 공동의 안전과 평화를 실현하려고 하는 겸허하고 진지한 자세가 요망된다.

그러나 트럼프가 그런 성인군자라고 생각되지 않는다. 부서지기 쉬운 싱가포르 합의를 확고하게 정착시키기 위해서는 중국이나 러시아 등을 보증인으로 세우는 방법도 검토해볼 만하지만, 무엇보다도 남북이 일체가 되어 분명한 평화의지로 미국의 변덕이나 갑질을 누르는 것이 가장 유효할 것이다. 또한 그것을 위한 남북의 깊은 신뢰 구축과 공조의 실행이 한국이 오랜 대미 종속에서 벗어나고 참된 주권국가로 거듭날 수 있는 절호의 기회가 되기도 한다. 남북이 합심하면 미국이 기를 쓰고 방해하는 명분도 없어질 것이다.

'스스로 욕되게 한 연후에 남에게 욕을 먹는다'고 했다. 외국에서 미군의 주둔과 군사적 농단에 대한 비판이 일어나면 미국은 늘 "여러분들이 와달라고 해서 온 거지, 나가라고 하면 언제든지 나가주겠다"고 큰소리치곤 한다. 그러니 우리 남북이 힘을 모아 이 땅의 전쟁과 평화를 결정하는 주권자는 '우리'임을 상기시키고, 불가침, 평화, 남북교류와 협력사업의 추진,

조·미(한·중) 평화조약 체결, 통일의 길로 나가는 순서를 밟아야 한다.

해방과 더불어 우리 머리 위에 '분단'이라는 부조리가 마른 하늘에 번개처럼 떨어졌다. 그러기에 그 부조리와 분단의 현실에 분노하여 통일을 열망했다. 통일이라는 대사변으로 우리가 안고 있는 모든 문제가 일거에 해결될 것으로 기대했다. 그러나 지금은 우리에게 통일에로의 길은 앞을 내다보기도 어려운 길고도 머나먼 길이다. 따라서 통일은 남북의 소통과 협력으로 민족적 응집력을 제고하고, 통일에 대한 희망을 젊은이들과 공유하면서 남북을 아우르는 우리 역량을 증대시켜 나가는 일이 급선무다. 그 과정이 바로 통일이다. 통일이란 두 개로 깨진 그릇을 다시 붙이는 것이라기보다 실질적으로 분단의 고통을 하나하나 해소해 가는 과정이라고 할 수 있다.

그런데 젊은이들의 통일의식이 희박해져 가고 있다고 하니 큰일이다. 한구영 기자는 '한겨레 프리즘-청년, 왜 평화에 냉담한가'에서 "지금의 청년세대에게 남북 화해와 통일은 당연한 정언명령이 아니다"라고 한다. 판문점선언 다음날의 조사를 보니 '김정은 위원장이 정상회담에서 보인 행동이나 발언에 신뢰가 가느냐'라는 질문에 '신뢰가 간다'는 응답이 전체 평균 77.5%인 데 비해 20대는 65.3%로 가장 낮았다. 그 전 1월의 조사도 비슷했다. "북한에 대해 압박보다 협력을 강화해야 한다"는 주장에 전체 61.8%가 동의하는데, 20대는 54.8%로 가장 낮았다. 평창올림픽 여자 아이스하키 남북단일팀 구성에 거부감을 나타낸 것도 20대였다.

젊은이들의 이 반응은 오랜 세월 속에서 분단의 아픔에 대한 기억도 희미해졌으며, 분단이 일상화되어 무감각해진 탓도 있겠으나 한구영 기자는 우리나라 사람들이 해방을 열렬히 맞이한 원인을 일제와 일본 지주에게 빼앗긴 땅을 되찾는 경제이익에 구하고 있으며, "통일이 열망의 대상이 되려면 독립이 약속했던 '자기 땅'에 대한 희망 정도의 약속은 있어야 한다"고 한다. 인간의 행동동기 중에서 물질이 중요하다고 생각하는 것이 유물론적인 과학적인 사고다. 그러나 해방에 대한 열광을 물질적인 동기에서만 구하는 것은 왜소화가 아닌지? 나는 해방의 열망을 생명의 위협에서 벗어나려는 생존본능에 있으며, 인간적인 자존심에도 있다고 생각한다. 우리 민족을 통째 말살하려 한 일제에 대한 당연한 항거다.

한 기자는 젊은이의 통일의식에 대해서도 "재벌들의 돈잔치로 귀착될 한반도 비전 앞에서 청년의 가슴은 뛰지 않는다. 공동의 자산을 나눌 비전 없이 청년의 냉소는 사라지지 않는다"고 했다. 그러나 경제적 동기부여만 하면 젊은이들의 통일의식은 고조될까? 그리 단순한 문제가 아니라고 생각한다. 우리 독립운동사에서 젊은이들은 한 푼의 이득도 없이 기꺼이 목숨을 내던진 사례도 많다. 그리고 2030세대의 개인주의적이고 취미적인 성향은 왜곡된 교육이나 정보기기에 지배당한 문화환경 탓도 있다.

무엇보다 인간을 극도로 소외시키고 분단하는 신자유주의에 그 책임이 있다고 하겠다. 가상적인 무한경쟁 속에서 살아남기 위해 젊은이들은 소모적인 학력이나 스펙 획득 경쟁에 내몰린다. 그 결과 우리 사회는 항상 지극히 소수만이 성공할 수 있고 대다수가 탈락해 갈 수밖에 없는 구조를 가지고 있다. 신자유주의 체제 속에서는 우리가 통일된다 해도 무한경쟁이 확대되어 인간 소외와 파괴가 확산될 뿐이다.

　상대평가나 업적주의의 폐해를 바로잡아 모두가 함께 승자가 될 수 있는 공동체주의적인 '윈윈'의 원리로 모두 함께 통일시대를 지향해야 한다. 아울러 분단시대가 얼마나 처참하고 비인간적이었는가 역사교육도 해야 한다. 전쟁과 군대가 없는 사회의 전망이 젊은이들에게 얼마나 큰 희망과 기회를 줄 수 있는가! 거기서 통일된 미래에 희망을 품은 젊은이들을 배출할 수 있는 것이다.

_ 2018. 6. 13

다하우 수용소에서 떠올린 붉은 삼각 표식

2018년 6월 중순에 고등학교를 졸업하고 대입이 결정된 쌍둥이 딸들을 위해 한 달간의 유럽 인문역사기행을 떠났다. 부다페스트를 기점으로 빈, 잘츠부르크, 뮌헨, 뉘른베르크, 바이마르, 베를린, 드레스덴, 프라하, 브라티슬라바의 순으로 유럽 중부를 일주하는 여행이다. 지금은 예정된 길의 절반을 마치고 베를린의 민박에서 이 글을 쓰고 있다.

부다페스트를 떠나 빈을 지나고 꽃같이 예쁜 잘츠카머구트의 마을들을 돌면서 뮌헨에 도착, 3개의 미술관(피나코테크)과 16세기 빌헬름 5세가 설립한 궁정 맥주양조장에 기원을 둔 세계 최대의 맥줏집 '호프브로이하우스'를 찾았다. 이 맥줏집에서 1920년 2월 24일, 히틀러와 그 동지들 2,000여 명이 모여 '나치'로 약칭되는 '국가사회주의독일노동자당(NSDAP)'의 창당을 선언했다. 제1차 세계대전에 패배하고 곤궁과 굴욕 속에서 분노에

찬 독일인을 향한 거짓과 극단적인 선동으로 세력을 확장한 히틀러는 1933년 1월 총리에 임명되자 일당독재를 실시하여 수권법으로 초헌법적 권력을 장악하고 무서운 광기의 정치를 시작했다.

뮌헨에서 북서쪽으로 20㎞ 떨어진 곳에 1933년 3월 만들어져 모든 나치 강제수용소의 기준이 된 다하우(DACHAU) 강제수용소가 있다. 몇 차례의 독일 여행에도 강제수용소를 가보지 못한 나에게는 첫 수용소 방문이다. 나치의 홀로코스트와 인도에 반하는 범죄(Crime against Humanity)에 관해서는 사진·영상과 서적 등 방대한 자료에 의해 너무 잘 알려져 있으나, 실제 현장 체험은 신체적으로 실감을 하게 되고 새로운 발견과 인식이 있게 마련이다.

숲속에 홀로 서 있는 매표소에서 꽤 떨어진 지붕 위에 망루가 있는 하얀 2층짜리 정문(Jourhaus)에 도착했다. 'Jourhaus'는 당직실이라는 뜻인데 위병소와 신체검사실을 겸하고 있으며, 1층 정면의 철책문에는 쇠를 구부려 만든 "Arbeit macht frei(노동이 너희를 자유케 하리라)"라는 녹슨, 황폐하고 냉혹한 문자가 눈에 들어온다. 이 문은 모든 수용소에 설치되어 있다고 한다. 이것은 기만과 프로파간다를 일삼았던 나치다운 표어다. 인간의 생존과 창조의 근원인 노동을 철저히 조롱하고 인간 착취의 수단으로만 도구화한 나치의 수용소에서 노동에 의해 자유를 얻을 수는 없었다. 그들에게 유일한 해방은 죽음뿐이었다.

1933년 3월 22일 나치는 뮌헨 근교에서 일찍이 화약고와 군수품을 생산하던 공장터에 수용소를 개설했다. 이 공포의 감옥은 독일이 패전할 때까지 12년간 유지되고, 수용소와 지소에 40개국에서 온 20만 명 이상의 사람들이 수용되어, 적어도 4만1,500명이 기아와 질병으로 죽고, 고문으로 살해되고, 수감생활로 말살되었다.

나치의 수용소는 집단적 살해를 위한 '말살수용소'와 독일 일류기업들의 막대한 군수생산의 말단을 맡은 '노동수용소', 그리고 구금을 주목적으로 한 '강제수용소'로 분류된다. 다하우 수용소는 주로 정치범을 수용했으며, 일반적인 인식과 달리 유태인의 비율은 많지 않았다. 1945년 4월 26일 미군이 왔을 당시 수용자는 다하우 수용소와 지소에 6만7,665명이었다. 그 중 4만3,350명은 정치범으로 분류되고, 2만2,100명만이 유태인이었다.

1933년 개소되자 먼저 나치에 반대하던 공산당원과 사회민주당원 등 정치범이 수용되었으며, 그 이후 범죄자, 반사회적 분자, 신티·로마(집시), 성적소수자, 부랑자, 성직자, 슬라브인, 유태인 등이 차례차례 수감되었다. 수용소는 SS(친위대)에 의해 관리되어, 대소련전쟁 발발 후에는 140군데나 되는 수용지소와 함께 주로 항공기산업의 일익을 담당했다.

정문을 지나면 넓은 광장을 끼고 오른쪽에 지금은 전시장으로 되어 있는 매우 기다란 다목적 공간과 목욕실이 있으며, 왼쪽으로 30여 개의 수용동과 병동이 있다. 한 수용동은 3층 나무침대를 빼곡하게 넣은 네 개의 방으로 나누어지고, 정원이 200명인데 전쟁 말기에는 2,000명이나 밀어넣었다고 한다.

을씨년스러운 넓은 목욕실은 벽에 수도꼭지의 흔적도 있고 욕조 같은 것도 있어서 목욕시킨다고 속이고 독가스를 틀어 수용자를 학살한 광경이 자꾸 떠오르곤 했는데, 다하우에서는 독가스에 의한 계획적 말살은 없었으며, 말살 대상자는 아우슈비츠와 같은 다른 수용소에 보냈다고 한다.

목욕실에서 머리와 체모를 밀고 소독하고 씻긴 수용자는 몸에 맞지 않는 수용자복과 나막신을 지급받은 다음, 옷에 수용번호와 삼각형의 표식을 스스로 꿰매어 붙여야 했다. 이 표식이야말로 수용소 내의 처우와 생존가능성을 나타내는 것이다. 초록색은 일반 범죄자, 빨간색은 사회주의자·공산주의자, 분홍색은 동성연애자, 보라색은 여호와의 증인, 갈색은 집시, 흑색은 사회적 유해분자, 노란색의 삼각 표식에 역삼각의 표식을 끼워 맞춘 '다윗의 별' 모양 표식은 유태인으로 나뉘어 있었다.

한국에서는 그렇게 세분되어 있지는 않았다. 다만 좌익수는 붉은 번호표와 붉은 플라스틱의 표지판을 달고, 사형수는 플라스틱의 붉은 삼각, 무기수는 사각의 표식을 왼쪽 가슴 번호표 위에 달았다. 일반 사형수는 초록색 삼각형 표식이고, 무기수가 되면 네모로 바뀐다. 빨간 표식을 단 좌익수는 가장 강도 높은 감시와 통제를 받았다. 물론 이것은 냉전·분단시대의 표상이며, 이 배경에는 국가보안법과 보안관찰법의 존재가 있다. 나는 붉은 삼각 표식을 가슴에 달고 살았던 1970년대 초를 회고하면서 반세기 지나 남북정상회담이 실현된 지금도 국가보안법이 엄존하는 한국과, 붉은 삼각 표식이 이제는 기념과 기억의 영역으로 자리를 옮긴 독일의 현실을 비교하지 않을 수 없었다.

다하우는 1945년 4월 29일 미군부대가 해방시켰으며, 미군은 이를 귀환대기소로 하고, 7월부터는 나치 용의자의 유치장으로 이용했다. 그 후 주정부가 난민캠프로 사용하다가 생존자들의 노력에 의해 1955년에 탈 다하우 국제위원회가 만들어지고, 과거의 감옥이 기억과 기념의 장소로의 전환이 검토되어 수용자의 고통과 죽음을 기억하고 나치의 범죄를 분석·연구하기 위해 '다하우 강제수용소 기억의 터'로 1965년에 오픈했다.

_ 2018. 7. 11

타이완 '정체성 정치'의 함정

2018년 8월 3일부터 8일까지 '경력증진 캠프'라 이름하여, 우석대 학생들을 인솔하여 뜨거운 타이완에 갔다. 이번 캠프는 강제연행자 유골문제를 다루는 '평화의 디딤돌'과 함께했다. 타이베이에서 이틀간, 장제스(蔣介石) 통치시기의 국가폭력의 현장을 답사하고, 8월 5일부터 남부의 핑둥현(屛東縣) 리나리(禮納里) 루카이족 원주민 마을에서 일본, 타이완의 젊은이와 함께 '원주민을 향해 새롭게 아시아를 배운다'라는 주제로 공부했다.

공산당과의 내전에 패배하여 '무능·부패'로 낙인찍혀 미국의 지지를 잃어버린 장제스는 1949년에 타이완으로 도주하여 계엄령을 선포했다. 6·25전쟁 발발로 미국의 지지가 회복되어 '기사회생'한 장제스는 타이완의 통치기반을 굳히기 위해 반대파에 대한 대대적인 숙청(1950년대 백색테러)을 벌이고, 계엄을 무기한 연장하여 국민당 외의 정당금지(黨禁), 언론

통제(報禁)를 실시했다.

　이 독재체제가 무너지는 계기가 된 것은 미국의 비호 아래 중국 국토의 0.3%에 지나지 않는 타이완의 국민당 정부가 중국 전체를 대표하는 정통 정부로 유엔 상임이사국의 자리를 차지한 부조리에 많은 나라들이 반발하여, 1971년 유엔총회에서 '중화인민공화국의 중국 대표권 귀속문제'를 표결에 부친 사건이다. 참석한 128개 회원국 가운데 찬성 76표, 반대 35표, 기권 17표가 나와 중화인민공화국은 안전보장이사회의 5대 상임이사국이 되었고, 타이완은 국가로서의 국제법적 지위를 사실상 박탈당했다. 그 결의안이 제2758호 '유엔에서 중화인민공화국이 가지는 합법적 권리의 회복'이다.

　국민당은 마지막 보루가 된 타이완에 비로소 눈을 돌려 '10대 건설 프로젝트'를 내놓고 중화민국의 '타이완화'에 나섰다. 인구의 90% 가까이를 차지하는 1945년 이전부터 타이완에서 살던 본성인(本省人)을 통치의 대상에서 정치의 주체로 의식하기 시작한 것이다. 그래서 장제스의 사망(1975년)과 그 아들의 사망(1988년)으로 관료 출신의 본성인 리덩후이(李登輝)가 총통으로 취임하게 되었으며, 38년간 계속되어온 계엄이 해제되어 민진당이 결성됨으로써 민주화의 열망은 누를 수가 없게 되었다. 국민당이 몰락한 후 2000~2008년 집권한 민진당은 2016년에도 재집권하여 타이완 정치의 다양화가 이루어졌다.

　그동안 본성인은 국민당 독재에 반감과 증오를 쌓아왔는데, 그 감정이 반(反)중국·친일·친미의 타이완 정체성의 특색을 만들었다. 민진당은 '하나의 중국론'을 부정하고 타이완의 독립을 주장하게 되어 2006년에는 타이완의 이름으로 유엔 가입을 주장하기도 했다. 중국 사람과 타이완 사람으로 나누어 그 차별성을 강조하면서 지지자를 결속시키는 정체성 정치(Identity Politics)에 공들여 중국혐오를 부추겼다. 이른바 '타이완 정체성' 만들기이다.

오늘날 타이완인임을 자처하는 사람들은 약 500년 전쯤부터 타이완의 대안인 후젠에서 건너온 중국인의 자손이 주종을 이루고, 타이완어라고 주장하는 말은 후젠 남부에서 쓰이는 민난어이며, 생활풍습도 거의 동일하다. 그래서 타이완인이 중국인과 다른 독자적 종족임을 강조하기 위해 타이완인은 수백년 동안 원주민들과 혼혈이 이루어지고 새로운 종족이 되었다는 새로운 주장이 나왔다. 약 500년 전에 대륙에서 사람들이 밀려 들어오기 전에 원주민은 타이완에 500만 명 정도 살았다고 하는데, 이주자들에게 토멸되어 산지로 쫓겨나고 지금 겨우 50만 명 정도 남았다고 한다.

일제는 광활한 조사사업을 통해서 방대한 타이완 번족(蕃族) 조사자료를 작성하고, 산지에 살며 고유문화를 유지하는 생번(生蕃)과, 한인과의 혼혈과 동화가 진행되어 독자성을 상실한 숙번(熟蕃)으로 분류했다. 해방 후 국민당 정부는 그들을 각각 고산족 또는 산포(山胞)로 부르고, 후자를 핑푸(平埔)족이라고 불렀다. 1990년대에 원주민들의 권리운동이 크게 신장하여 스스로 '원주민'으로 부를 것을 요구하여 오늘에 이른다.

평지에 살던 원주민은 문화적으로도 소멸되었는데도 2017년 타이완 국회는 원주민 신분법을 개정하고, 일찍이 침략·약탈의 대상이었으며 문화적으로 소멸한 평지 원주민, 핑푸족을 억지로 독립된 족군(族群)으로 인정했다. 과거에 후젠에서 건너온 농민은 거의가 독신자라서 원주민 여성을 겁탈하거나 약취한 결과 타이완 주민의 70%가 핑푸족의 피를 이어 받았다고 하면서, 그 어두운 성적 약탈의 역사를 마치 이민족 간의 아름다운 융합처럼 미화하고 '타이완 정체성 만들기'의 논거로 삼으려 하고 있다.

타이완 정체성 세우기의 핵심은 중국사와의 연관성을 극소화하고 타이완의 독자성을 강조하려는 역사교과서 만들기에 있다. 그들은 중국을 타이완에 대한 침략자로 묘사하고, 일제를 문명 전파와 근대화의 은인으로 묘사한다. 가치 중립을 주장하면서 광복을 전후하여 일제를 일본, 청일전쟁을 일청전쟁, 연대를 일본식으로 명치 몇년으로 부르는 것이 공정하고 객관적이라고 주장하지만, 친일로 자기들의 정체성을 오히려 훼손하는 결과를 가져오고 있는 것이다.

이런 왜곡된 역사교육은 리덩후이가 총통으로 있던 1997년에 제정된 '인식 타이완'에서 비롯된다. '인식 타이완'은 중학교용 지리, 역사, 사회의 교과서인데, 타이완의 독자성을 강조한 역사편이 주목을 받았다. 그 후 20년의 세월이 흐르고 일찍이 국민당에 의해 강요된 타이완을 무시한 '중국사'에 의한 역사교육 부당성의 인식이 공유되었는데, 그 반동으로 타이완을 침략하고 식민지 통치를 실시한 침략자인 일제를 미화하고 찬양하는 역사의 왜곡을 가져왔으며, 타이완 민주화운동 속에서 지향해온 가치와도 충돌하는 것이다.

　리덩후이 총통은 일찍이 "나는 스무 살까지 일본인이었다"고 식민지 지배의 합법성을 긍정하고, 필리핀 마닐라 시가전에서 일본군인으로 죽어 야스쿠니 신사에 합사되어 있는 형을 찾아 야스쿠니 신사에 참배하며, 형을 합사해준 일본 천황폐하의 '일시동인(一視同仁: 모든 백성을 천황의 아기로서 똑같이 사랑함)'에 감읍하기도 했다. 타이완인의 '정체성 바로세우기'에 진정 필요한 것은 이러한 맹목적인 친일성에 대한 반성이 아닐까.

_ 2018.8.8

우석대 '동아시아평화연구소' 출범에 부쳐

2018년 봄, 10여 년 동안 재직한 일본 교토의 리쓰메이칸대학을 떠나 생활의 중심을 한국으로 옮겼다. 장영달 총장의 부름을 받아, 석좌교수로 전주의 우석대학교에 몸을 담게 되었다. 석좌교수도 천차만별이지만 학식이 높은 석학에게 제공되는 자리라고 하는데, 정통 아카데미즘과는 거리가 먼 나에게는 당치 않은 자리다. 또한 우석대의 첫번째 석좌교수가 김근태 전 장관이라고 하고, 이번에는 다산학의 제일인자 박석무 선생과 함께 임명되었으니 더욱더 송구스러울 뿐이다.

장 총장이 우석대에 초빙된 것은 그가 우석대의 지역적 배경인 전주 완산구에서 4선을 한 국회의원이었다는 점도 있겠으나, 친화력과 정치력, 리더십이 있는 그에게 지방 약세대학인 우석대에 새 생명을 불어넣어 개성 있는 매력적인 학교를 만들라는 바람이 모아졌다고 볼 수 있다. 서울에 있는 거대하고 자금력이 있는 유명대학과 정면으로 겨루어 살아남는 길은 보이지 않으니 민주·평화, 실용융합, 경제과학에 특화된 학교라는 목표를 내세워 독자 도생하려는 전략이다. 1974년 반유신독재의 민청학련 사건으로 옥고를 치른 것이 정치운동의 원점이자 정체성의 근원이라고도 할 수 있는 장 총장은 민주, 평화, 통일을 선도하는 인재를 배양하는 학교를 만드는 야심을 가지고 있다.

그 맥락에서 동아시아의 평화·안전보장, 한반도의 통일·화해를 연구하는 '동아시아평화연구소'의 창설이 내게 맡겨졌다. 10월 17일에 기념 심포지엄으로 출범하기로 했는데 문제는 간단치 않다. 무릇 연구기관을 설립하기 위해서는 일정한 연구자로 구성된 연구회나 학과 같은 것을 씨로 하고, 연구회를 거듭하면서 학내외의 학술지원을 받고 체제를 정비하여 연구소 설립에 이르든지, 아니면 국가와 같이 많은 자원을 가진 강력한 주체가 톱다운 방식으로 설립하는 것인데 우석대에는 물적·인적 자원이 결핍해 있었다. 평화연구를 하는 전문가 그룹이 존재하지 않을 뿐만 아니라, 평화연구와 유관한 인문·사회과학계 학과들조차 구조조정으로 인해 근년에 차례차례 폐지되었다고 한다. 물론 아직 연구실적도 없는 곳에 공적 기관이 연구지원을 할 리도 만무한 것이다.

게다가 '평화'는 전쟁의 대립 개념이고 듣기에 부드러우니 누구나 찬성하는 말처럼 생각되지만 내 경험으로는 그렇지가 않다. 일본의 강단에서 학생들에게 물어보니 평화라는 개념도 잘 모르지만, 자기들 일상과 무관하고 어딘가 정치적인 냄새가 난다는 것이다. 우리나라 분단 독재정권 하에서는 북한에 대해서 '멸공'이나 '승공'이지 '통일'이라는 말 자체가 불온하고, '평화'라는 말 또한 용공적이라고 금기시되어 왔다. 최근까지 한국 평화학회의 주류는 안전보장론, 즉 무력에 의해 적대세력을 제압한다는 힘의 정치론이다. 평화학의 세계적 추세에서 보면 지극히 보수적인 국제정치학자가 한국 평화학회 주축이었다. 한국에서 평화운동이나 평화연구가 어느 정도 틀을 잡기 시작한 것은 민주화가 진행된 1990년대 이후의 일이다.

더욱더 큰 문제는 사회주의 붕괴 이후 민주주의가 자본주의, 즉 자유주의적 시장경제에 의해서 점거당해온 점이다. 지금 문재인 정부의 소득주도(분배중심) 성장전략이 뜻대로 되지 않는 이유도 세계적인 신자유주의의 지배뿐만 아니라, 신자유주의 사상이 정치, 교육, 문화 등 사회의 모든 분야에 침투하여 우리를 꼼짝 못하게 얽어매고 있는 현실 때문이다.

가령 학교교육의 상대평가제도에서 학생 모두가 아무리 열심히 공부해도 A가 전체의 20%, B는 40% 하는 식이기에 필연적으로 학생들의 우열과 승패가 가려진다. 패자를 지속적으로 산출하게 되고, 그 위에 소수의 승자가 군림하는 구조가 형성된다. 게다가 승자들도 그 지위를 유지하기 위해 항시적으로 경쟁을 강요받는다. 그 결과 타자를 의심하여 홀로 이익을 취하려는 매우 비인간적이고 냉혈한 인격이 형성된다. 교육제도에서도 지방분권과 균형 있는 분업과 협력을 장려해야 하며, 모두가 동시에 이길 수 있는 길을 모색해야 할 것이다.

촛불정권의 정신과 구상은 분명히 그랬을진대, 신자유주의와 자본가-지주동맹의 서슬에 힘을 못 쓰고 무너져 내리려 하고 있다. 이 난관을 돌파하기 위해서는 정부를 중심으로 촛불세력들이 일심단결하고 똘똘 뭉쳐 일시적 손해를 감수하면서 신자유주의 반대운동을 밀고 나가야 한다. 그러나 개인적, 집단적 이기주의가 상호 충돌하는 다원적 '민주주의'제도로는 거의 불가능해 보인다.

아무튼 거대 대학과 거대 프로젝트 사이에 끼인 일엽편주 같은 우리 연구소는 독자적인 행보를 모색할 수밖에 없다. 우선 동아시아평화연구소가 '동아시아'를 내거는 것은 우리 연구소가 결코 서구 중심의 보편주의적 입장에 서지 않겠다는 표명이다. 깊이 천착할 지면은 없으나, 언뜻 반패권적이고 반권력적으로 보이는 평화, 민주, 인권이라는 가치들도 서구의 안경을 쓰고 서구에서 태어났으며 결코 보편적이지 않다. 아시아 또는 동아시아라는 정치·역사적 지역 개념은 아편전쟁을 계기로 이 지역을 석권한 제국주의의 침략과 지배에 의해 만들어진 피와 눈물로 얼룩진 개념이고, 우리나라의 분단이 상징하고 있듯이 오늘날까지도 씻겨지지 않고 있다.

우리 연구소에서는 19세기 이후의 동아시아 형성사를 연구한다. 우리가 구상하는 평화는 군사력이나 힘에 의한 평화가 아니고 신뢰에 의한 평화다. 신뢰를 구축하기 위해서는 개별적으로 소통을 해야 하며, 상호의 입지와 이해관계를 구체적으로 살피고 이해하여 상대방의 입장에서 자신을 되비추어보고, 그 문제에 대한 전체적인 시야를 얻어야 한다. 우리의 평화연구 방법은 난삽한 현학적인 논쟁을 멀리하고 현실과 상식 속에 있는 평화의 실현을 추구하여 구체적으로 사회에 참여하고, 사회와 상호 교류한다. 또한 우리 남북이 그러듯이 중국, 타이완, 오키나와 등 이웃들과의 역사적 연관 속에서 연구하고 연대한다.

나의 자산은 동아시아 평화운동과 과거청산운동 속에서 다져온 인간의 신뢰를 바탕으로 한다. 우리 연구소는 이 자산을 밑천으로 조그마하고 구체적인 과제를 모든 분들과 함께 풀어나갈 연구소가 되려고 한다. 많은 분들이 힘을 보태어 주시면 감사하겠다.

_ 2018. 9. 5

아베의 길이냐, 문재인의 길이냐

2018년 9월에 치러진 일본 자민당 총재 선거에서 아베 신조가 연속 3선을 했다. 전후 일본에서 최장기 자민당 총재 및 총리로 기록되게 된 것이다. 자민당의 각 파벌이 현직자인 아베의 서슬에 눌려 잇달아 지지를 표명하는 가운데 유일한 대항마인 이시바 시게루(石破茂)를 누르고 당선된 것이다.

아베의 승리는 예상된 것이었으나 의외로 고전했다고 평가된다. 자민당 총재 선거는 자민당 현직 국회의원 405표와 전국의 당원 및 당우 405표를 합한 810표를 가지고 치러진다. 아베를 지지하는 의원은 80%인 329표, 이시바를 지지하는 의원은 73표였다. 당원 및 당우 중 55%는 아베를 지지했고(224표), 34%는 이시바를 지지했다(181표). 결과는 553표 대 254표로 아베가 승리했지만, 아베를 견제하는 표가 예상외로 쏟아졌다는 평가가 나온다. 405표로 환산된 일반 당원투표(유권자 104만여 명)에서 아베는 224

표, 이시바는 181표를 얻으면서 접전을 벌였기 때문이다.

　일본에서는 아베의 장기집권에 대한 권태가 만연해 있다. 모리토모학원과 가케학원에 아베가 특혜를 준 '모리·가케 스캔들'은 그간 아베정권을 흔들어왔다. 아베는 고위 관료들을 동원해 거짓말과 증거인멸을 하는 등 더욱더 문제를 복잡하게 만들었다. 해외 파견 자위대의 일지 개찬 문제 등 아베의 일관된 거짓과 엉터리 답변으로 아베에 대한 시민들의 신뢰는 땅에 떨어졌다.

　외교 면에서도 오로지 미국 일변도의 비굴한 외교로 일관해 일본의 국시인 평화주의에 역행하는 개헌과 군국주의 부활의 의도를 숨기지 않고 있다. 대북 문제에서는 미국보다 더 강경한 제재론을 주장하여 남북 화해에 반대하고 방해해 왔다. 우리 겨레에 대해서뿐만 아니라 중국에 대해서도 영토·영해 문제에서 호전적이고 확장주의적인 입장에서 배외주의를 부추기고 있다. 같은 해 4월 이후 도널드 트럼프 미국 대통령이 김정은 북한 국무위원장에게 우호적인 태도를 보이자, 외교적 고립의 위기를 느낀 일본은 최근에 와서 갑자기 방북과 김정은 위원장과의 정상회담을 들먹거리기 시작했다. 기회주의적이고 비겁한 아베의 진면목이 드러난 대목이다.

　이렇듯이 정치·외교에서 정의, 신의, 신뢰라는 윤리를 비웃는 저열한 아베정권이 전후 일본 정치에서 최장기 정권담당자로 군림하는 이유는 야당이 분열하고 약세라는 사정과, 그런 선거제도와 정치구조를 만들어온 뿌리 깊은 문제도 있지만, 무엇보다 경제가 호황을 누리고 있는 데에 있다고 분석한다. 7월 <산케이신문>과 후지뉴스네트워크(FNN)의 합동 여론조사에 의하면 아베의 정권 운영을 '지지'한다고 한 사람이 다수를 차지했으며, 특히 젊은 10~20대 남성의 73%와 여성의 61%가 지지를 보냈다. 이것은 대졸자 취업률이 98%로 역대 최고를 기록하는 등 무조건 돈을 찍어대고 유동성을 증가시키는 '아베노믹스'를 배경으로 고용 개선이나 경기 회복이 진행된 영향이라고 보고 있다. 오히려 '단카이(團塊) 세대'로 일컬어지는 60대 이상에서 지지하는 사람이 40% 정도로 가장 낮았다.

문제는 한국이다. 정권 출범 이래 70% 안팎을 자랑하던 문재인 정부의 국정수행 지지율이 급락하고, 여론조사에 따라서는 50%를 하회하는 수치마저 나타났다. 그 원인으로는 경제 문제가 크다. 전기요금 누진제, 은산분리, 최저임금 문제와 중소기업의 반발, 소득주도성장에 대한 야권의 대대적인 비난공세가 영향을 주었다. 특히 청년실업 문제로 인해 젊은층 지지율이 크게 하락한 것도 한 원인이라고 볼 수 있다.

문재인 대통령은 한국에서 역대 어느 대통령보다 청렴결백하고, 약자에 대한 깊은 공감을 지니고 있으며, 평화를 지향하고, 뜨거운 민족적 사랑을 가진 대통령이다. 아베의 저열함에 비할 바가 없는 훌륭한 정치가이지만, 취업이 잘 안 된다고 젊은이들의 지지가 줄어드는 것이 안타까울 뿐이다. 취업이 안 되는 당사자는 불안한 마음에 무슨 짓이든지 하고 싶은 심정일 것이다.

일본 노동시장의 저변이 넓어진 것은 사실이나 비정규직 고용이 40%

를 넘으며, 비대한 서비스업에 노동인구가 흡수된 측면도 있다. 내가 보기에 한국 경제는 그리 나쁘지 않은 것 같다. 서울의 물가는 오히려 도쿄보다 비싼데도 다들 수준 높은 소비생활을 즐기고, 해외여행하는 사람들도 연간 3,000만 명에 육박하고 있다.

며칠 전에 만난 일본의 한 신문기자는 "한국의 젊은이들이 특별히 나쁜 처지에 있다기보다는 기대치가 높은 거 아닐까요?"라고 했다. 그는 "한국의 일류기업 급여 수준이 너무 높은 것 같다. 일본의 취업자 초봉은 대기업과 중소기업의 격차가 크지 않다. 한국에서는 일류기업에 들어간 젊은이들이 일본에서는 바라볼 수도 없는 30~40평짜리 아파트에 들어가 아주 높은 소비생활을 구가하는 경우가 많다"고 했다.

이런 상황에서는 일류기업에 못 들어간 자들의 상대적 박탈감과 패배감이 생길 수밖에 없다. 일본에서는 전문학교 진학자 비율이 20% 내외로 수십년간 안정되어 왔다. 반면 한국의 전문학교는 쇠퇴하고, 4년제 대학교 진학을 선호한다. 즉, 전문 기술자보다 양복 입고 펜대를 잡는 화이트칼라를 선호한다는 말이다. 한국에서는 '4년제 일류대학교 합격→재벌기업 취직'이 성공한 인생의 모델이다. 모든 사람들이 그 좁은 문을 향해 죽자 살자 경쟁하는 모양이다. 물론 정부는 당장 국민생활의 안정을 위해 손을 써야 할 의무는 있다. 하지만 모든 사람이 그런 경쟁에 매달리는 사회는 지속가능하지 않다.

한국 사람들의 가치관과 직업의식을 바꾸고, 인간적 자존심을 제고할 필요가 있다. 그리고 신자유주의 경제의 그물망에 얽혀 옴짝달싹하기가 어렵다는 근본 문제가 있어도 과도한 경쟁체제를 완화시키고, 더불어 사는 인간다운 즐거움과 여유, 다양한 생활에 대한 각자의 만족을 실현시키는 대대적인 사회개혁이 필요하다.

비단 한국 내 모순의 해결만이 아니라, 앞으로 남북 화해협력과 통일시대를 준비하면서 우리는 새로운 시대에 걸맞은 새로운 가치와 사회조직을 만들어내야 한다. 이번 문재인 대통령이 유엔에서 한 격조 높고 감동적인 연설에 '북한의 대변인'이라고 자해적인 악담을 하는 '극우'도 있다. 그러나 오히려 남북의 지도자가 서로를 대변할 수 있는 시대를 만들어 나가야 하는 것이다.

_ 2018. 10. 3

트럼프에게 영예를, 우리에게는 주권을

트럼프 대통령은 10월 10일 강경화 외교부장관의 '5·24 제재 해제 검토' 발언에 "그들(한국)은 우리의 승인 없이는 그렇게 하지 못할 것(Well, they won't do it without our approval)"이라고 찬물을 끼얹었다. 대놓고 한국을 속국 취급하는 이 발언은 한국에서는 깊은 모멸감을 불러일으켜 반발들이 쏟아져 나왔으나, 문재인 정부를 아니꼽게 보던 보수들은 '쾌재'를 부르며, "거봐라! 하룻강아지 범 무서운 줄 모르고…" 하는 식의 비난을 쏟아냈다. 문정인 특보처럼 "협의라는 내용을 더 강하게 하려다 승인이라는 말을 썼을 것"이라고 둘러대봐야 우리가 외세의 제압을 받아 스스로 운명을 결정하지 못하고 살아온 역사를 가릴 수 없다. 그러기에 노무현 정부 이래, '전시작전통제권(전작권) 환수'를 위해 안간힘을 써온 것이 아닌가. 실은 트럼프의 망언은 우리의 '속국성'을 트럼프식의 노골적인 방법으로 드러낸 것이며, 우리가 당면한 역사적 과제를 가리키고 있다.

'5·24조치'는 천안함 사건으로 이명박 대통령이 낸 '한국' 독자제재이며 당시는 시비가 끊이지 않았으나, 지금에 와서는 누구도 감히 비판할 수 없는 금과옥조가 되어버렸다. 어뢰의 충격파와 거품으로 1,200t이나 되는 군함이 한순간에 두 동강이 났다는 황당한 이야기를 우격다짐으로 진상으로 만들어버리고, 합리적인 비판에는 '빨갱이', '종북'으로 매도하고 봉쇄했다. 우리는 그 금줄에 칭칭 감겨 옴짝달싹 못하고 남북 공동번영의 길이 막혀 있다. 어차피 해제되어야 할 5·24조치는 유엔이나 미국의 제재와는 관계가 없는데도 트럼프 대통령이 토를 달자 3차례의 정상회담으로 남북이 형제처럼 돈독한 우의를 쌓아가는 꼴을 못 보고 재를 뿌리려 하는 인간들이 난리를 피운 것이다. 문 대통령은 트럼프의 모욕을 꾹 참고 지나갔지만, 문재인 정부의 핵심과제인 '적폐청산'이라는 점에서 보면, '천안함 사건'이야말로 적폐 중의 적폐니, 이참에 거짓의 가면을 벗기는 전면적인 재조사를 시작해야 할 것이다.

지난 3차례의 남북정상회담으로 남북의 양 정상은 평화와 통일을 확신하고, 북의 비핵화 의지가 진실임을 확신하게 되었다. 남북의 정상이 서로를 믿고 신뢰하게 되었으니 평화가 이루어진 것이다. 온갖 모략과 음모, 속임수가 판치는 국제정치에서도 평화와 안전을 최종적으로 보장하는 것은 당사자들의 신뢰 뿐이다. 대통령 선거에서도 그랬듯이 문 대통령은 우직하게 성실과 정직으로 상대를 대해 왔으며, 김정은 위원장은 구김살 없는 솔직함으로 화답하면서 신뢰를 쌓아왔다.

　북한은 그간 북·미 정상회담의 약속을 지키고 일부 핵실험장 해체와 미군 유골 반환 등을 실행해 왔는데, 미국의 화답이 없다. 핵폐기의 최종 단계까지 제재의 고삐를 늦추지 않는다는 것이다. 즉, 이미 비핵화와 평화 의지를 명확히 하고, 1년간 핵·미사일 실험을 하지 않는 구체적 행동으로 북한이 대북 제재의 명분을 해소했음에도, 미국은 그에 상응하는 제재 완화를 하지 않고 있다. 미국이 경제제재의 효과로 북한의 의지를 꺾었다고 착각한다면 큰 오산이다. 이런 오만함과 모멸은 또다시 긴장고조와 전쟁의 길로 회귀하는 위험마저 내포하고 있다.

　그러니 이제 우리는 남북, 남남의 목소리를 하나로 하여 "이제 핵·미사일 문제는 해결되니, 70년 만에 한반도 평화·번영의 시대를 실현할 차례"라고 미국을 설득하고, 개성공단, 금강산 관광, 남북 철도 연결 등 줄지어 기다리는 남북의 소통과 구체적인 협력사업을 시작할 차례다. 타율사관이나 사대주의에 점철되어온 우리에게 드디어 주권국가로서 자주독립할 수 있는 획기적인 기회가 마련된 것이다. 현안은 한반도 비핵화와 평화인데, 우리에게는 자기의 운명을 스스로 결정하는 주권회복의 계기이기도 하다. '우리가 주인임'은 바로 촛불정신이며, 자주, 독립, 해방은 500년간 노예제와 식민지 지배 아래 고통받은 세계의 대다수 인민들의 소원이기도 하다.

　문 대통령도 평양 5·1경기장에서의 연설에서 "이번 방문에서 나는 평양의 놀라운 발전상을 봤다. 어려운 시절에도 민족의 자존심을 지키며 끝끝

내 스스로 일어서고자 하는 불굴의 용기를 봤다"며 고난의 시기 그들의 투쟁을 높이 평가했다. 북한은 그 고립 속에서 민족주권을 지키기 위해 막대한 대가를 치러왔다. 해방 후 주권을 희생시키면서도 구생(苟生)을 도모해 온 한국이 이제는 주권을 확립하기 위해 감연히 일어설 차례다. 그러나 이제는 주권회복투쟁이 항일독립투쟁처럼 무력항쟁이 아니라, 외교적인 수단으로 하는 시대가 되었다. 평양시민에게 큰 충격과 감동을 준 문 대통령의 평양 연설을 일부에서는 "북의 대변인"이라거나 "북을 찬양·고무한다"며 중상하고 있다. 그러나 남북이 서로가 서로를 대변하고 포용하고 찬양·고무하는 것이 바로 남북 화해와 평화의 시대인 것이다.

　이제 중간선거를 맞이하는 미국에서 트럼프 대통령은 인종주의, 반여성적 성향, 반이슬람 성향, 가짜뉴스 유포와 돌발적 언행으로 많은 이들의 비난을 받고 있다. 이란과의 핵협정을 일방적으로 파기하고, 중동의 위태로운 국제관계의 균형을 깨는 이스라엘 편향적인 정책, 중국과의 부조리한 무역전쟁 등 소동을 일으키고 있다.

　그러한 행태와 대조적으로 트럼프는 북핵·미사일 문제에 있어서는 김정은 위원장과 "사랑에 빠졌다"고 낯뜨거운 표현을 하는 등 톤에 사뭇 차이가 난다. 아마도 그 배경에는 전임 정권과의 차별성 강조, 고정관념에 구애받지 않는 실리주의, '미국 제일'과 '내가 제일'의 철학이 작용했겠으나, 한반도 문제에서는 건설적인 태도를 취하고 있으니 다행이다. 다만, 그 결과물은 신의나 신뢰라는 국제정치의 굳건한 기반에 서는 것이 아니기에 변덕에 의해 언제 어떻게 달라질지 몰라 불안정하고 불확실하다.

  이에 대한 문재인 정부의 대처방법은 남북의 공조로 핵·미사일 문제 해결을 위한 교섭방안을 선제적으로 확보하고, 내외 여론 속에서 남북 화해와 평화를 기정사실화하면서 트럼프를 최대한 치켜세우고, 그 공은 모두 트럼프에게 돌리면서 미국의 결심을 유도하려 하는 것 같다. 한국의 상황에서는 어쩔 수 없는 선택이자 현명한 방법이다. 우리는 평화와 번영과 통일을 얻는다면 트럼프에게 노벨상이 돌아가는 것도 마다하지 말아야 한다.

_ 2018. 10. 31

마르크스 탄생 200년과 동아시아 평화

중국의 명문 화동사범대학(화사대) 전파(傳播)학원에서 2018년 11월 16~17일 '아시아마르크스주의전파연구소(아마연)'의 현판식 및 심포지엄이 있었다. 이 행사에는 중국 각지에서 온 내빈 수십 명과 타이완에서 온 20여 명을 비롯해 한국에서 8명, 일본에서 3명이 되었다. 같은 해 10월 17일 우석대학교 동아시아평화연구소 창립 때 아마연의 린저우위안(林哲元) 교수와 김민정 박사가 와준 것에 대한 답례이자, 동아시아평화연구소의 첫 국제교류사업으로 최자웅 박사, 손현주 박사와 함께 방문했다.

"마르크스주의를 전파한다니…, 괜찮나?(웃음)" 출발을 앞두고 일행 한 명은 이런 농담을 던지기도 했다. 우리는 마르크스주의라고 하면 무조건 터부시하던 시대를 거쳐왔다. 그런데 이 위험한 사상을 '전파'한다고 하니 여전히 거부감이 남아있을 수밖에. 그러나 시대가 달라졌다. 사상의 자유에 대한 관용이 보편화되었다. 반공국가이던 한국에서도 이제는 마르크스주의가 연구 정도에 머무는 한 크게 문제될 일이 없다. 더구나 소련의 붕괴 이후 마르크스주의는 '현실 변혁의 무기'로써의 위험성을 상실했기에 구태여 신경을 쓸 필요가 없어졌다. 물론 한국에서는 아직도 반공·안보를 가지고 장사하는 사람들도 있지만 말이다.

올해 마르크스 탄생 200주년을 맞아 세계 곳곳에서 기념행사가 벌어지고 있다. 사회주의를 압도할 듯 보였던 자본주의도 몇 차례의 경제위기를 겪고 난 뒤 소수가 부를 독점하는 모순이 극대화되었다. 신자유주의의 횡포가 드러나면서 자본주의에 대한 근원적 회의와 더불어 마르크스에 대한 재평가가 진행되는 요즘이다.

상하이의 서점에도 마르크스 탄생 200년을 주제로 한 특설 코너가 설치되어 있었다. 하지만 마르크스·엥겔스 책은 몇 권 안되고, 주로 마오쩌둥과 덩샤오핑, 시진핑 책으로 가득 채워져 있었다. 상하이 중앙도서관에서도 특설 코너를 마련해 공산주의 사상의 전파와 발전을 전시하고 있었다. 나는 고교 시절에 읽었던 중국의 계몽주의적 공산당 사상가 아이스치(艾思奇) 관련 전시를 보고 질풍노도와도 같았던 내 청춘시대를 회상하기도 했다. 중국공산당 중앙에서도 마르크스주의의 전파 과정을 조명하고, 그 정통이 중국으로 이어지고, 오늘날 마르크스주의의 중국화로 발전했다고 설명한다.

중국은 시장경제화된 지 오래다. 자본주의의 사멸을 예언한 마르크스의 교리와 동떨어져 보이는 원색적인 '쩐(錢)'의 세계가 휘황찬란한 황푸강 강변의 야경처럼 펼쳐져 있다. 오늘날 중국공산당이 필요로 하는 것은 변혁의 사상이라기보다는 마르크스주의의 도입과 공산당 성립의 역사 속에서 정통성을 내세우고 국민을 통합하는 일이 아닌가 싶다.

우리를 초대한 화사대 전파학원은 신문과 방송 등 4개 학과가 있는 단과대학이다. 아마연도 이름과 달리 내용에 있어서는 타이완의 진보운동과 양안 통일운동의 역사와 현안을 연구하는 곳이다. 중국에서는 타이완 문제를 가장 중요한 국정과제로 삼고 타이완의 각계각층과의 통일전선사업에 공을 들여왔다. 아마연의 소장인 뤼신위(呂新雨)는 전파학원장과 겸임이라서, 실질적인 책임자는 린저우위안 교수다. 그는 타이완에서 대학을 나와 난징대학에서 박사학위를 딴 다음, 난징의 동남대학 마르크스주의학원에서 교수를 하다가 올해 봄에 화사대로 옮긴 학자다. 그는 젊어서부터 양안의 통일과 사회주의를 지지하는 타이완노동당 당원으로 활동해 왔으며, 화사대에서는 그의 이적과 더불어 타이완과의 접점을 마련하기 위해 연구소를 설립했다고 볼 수 있다.

우리 연구소로서도 동아시아의 제국주의와 군국주의에 반대하는 평화운동과 민중의 연대를 연구하는 것은 매우 유익하다고 보았다. 몇 해 전에 타계한 타이완노동당의 거목 린수양(林書揚) 선생이나 첸잉전(陳映眞) 선생과의 공감도 있었다. 일제강점기를 겪고 독재의 감옥에 갇힌 경험을 바탕으로 반제국주의 민족해방의 길이야말로 동아시아의 평화와 인간해방의 길이라는 확신이 있다.

마르크스·엥겔스의 주도하에 '제1인터내셔날'이 조직되어 '공산당선언'이 나온 지 170년이다. "만국의 노동자여 단결하라!"는 구호는 만국의 자본가들을 전율케 했다. 러시아에서 볼셰비키 혁명이 성공하자 공산주의는 노예제나 식민지의 굴레 아래 신음해온 세계의 인민들 속으로 열병처럼 만연되었다. 이상사회의 건설과 인간해방의 사상이 동아시아 민족해방투쟁의 무기가 되었다. 동아시아에서는 계급투쟁을 선도하는 노동계급의 형성이 미숙했으며, 현실적으로 직면하는 모순은 제국주의 침략에 대항하는 민족해방투쟁이었다. 바꿔 말해 공산주의의 이상을 가진 열혈 청년들의 현실적 과제는 '반제민족해방'이었던 것이다.

동아시아 혁명의 지도자 마오쩌둥도 호찌민도 김일성도 그랬다. 김일성은 회고록 <세기와 더불어> 속에서 "우리의 공산주의는 민족주의를 위한 공산주의다"라고 했다. 그러한 구체적인 요구에 뒷받침되지 않고 관념적인 공산주의 사상만으로 백두의 눈보라 속에서 그 간난한 항일투쟁을 하기란 불가능했을 것이다. 린수양 선생은 우주관과 인간관에 있어서 철두철미한 유물론자로 일관하며 프롤레타리아트 계급해방을 이상으로 삼았으나, 그의 현실적인 투쟁은 반일, 반미, 반제, 자주·민족통일이라는 타이완 정치의 모순을 표적으로 삼았다.

'역사의 종언'의 시대에 마르크스주의의 파탄을 이야기하는 사람들도 있다. 그러나 현실의 모순 속에서 현실 돌파의 논리와 방법을 찾아내는 유물변증법적 사고는 여전히 유효하다. 근대 이후 서구 제국주의자들이 불과 총칼로 이 지역의 민중들의 몸에 '아시아'라는 소인을 찍고, 채찍으로 '유럽 근대'의 규율을 이식했다. 동아시아 민중들은 서구(일본) 제국주의의 침략과 노예화라는 범죄에 대항해 인간과 민족의 해방이라는 제국주의에 대한 부정을 통해 역사의 정의를 이루어내고, 제국주의를 붕괴시키며, 인류해방의 전망을 열어나가려고 해왔다. 민족해방 투쟁의 핵심은 자주·자립·주체이며, 한국의 '촛불행동'은 민중이 주권자임의 천명이었고, 남북정상회담과 북·미 정상회담의 과정은 바로 민족주권의 회복을 위한 투쟁과정이다.

_ 2018. 11. 28

강용주의 삶으로 자성한다

　<경향신문> 2018년 12월 17일자 '강용주 보안관찰 면제' 기사를 보면 '법무부는 강씨의 주거와 직업이 일정하고 재범의 위험성이 없는 점을 고려해 공식 심사를 거쳐 보안관찰처분을 해제했다'고 쓰여 있다. 강용주는 1999년, 14년간의 감옥생활에서 풀려나자 보안관찰 대상자가 되어 3개월마다 소관 경찰소장에게 어디 가서, 누구를 만나고, 뭘 했는가 등 소상한 동정을 '신고'할 의무를 지게 되었다. 그러나 강용주는 동법이 이중처벌이자 재판받을 권리에 대한 유린이고 기본권에 대한 침해라며 신고를 거부해 벌금을 부과받아 왔다. 2016년에 신고의무를 위반했다고 재판에 넘겨졌으나, 법원은 2018년 2월 '직업도 거소도 분명하고, 재범의 우려가 없다'며 무죄를 선고했다. 그러나 보안관찰처분은 2년마다 무제한 갱신할 수 있어 무죄판결이 나와도 소송하는 동안에 2년이 지나버리면 검찰이 다시 갱신할

수 있다. 그러니 마치 바위를 밀어 올려도 정상 직전에 반복적으로 굴러 떨어져버리는 시시포스의 신화 같은 '영원한 형벌'인 것이다.

광주에서 태어나서 전남대 의대를 졸업한 강용주는 개업의로서 생업에 지장이 없고, 광주 트라우마센터 초대 소장, 인권단체 '진실의 힘' 이사, 국가인권위원회 홍보대사 등을 지낸 사회적 명사다. 처분을 갱신하는 것은 비상식적이고 악마적이라는 비판이 커지면서 법무부는 이번에 강용주에 대한 보안관찰처분 면제를 결정했다. 너무나 당연한 결과를 얻어내기 위해 광주·전남에서는 150여 시민단체들과 정당들이 '5·18 고교시민군 강용주의 보안관찰 면제'를 촉구하는 성명서를 내는 법석을 떨고, 각 신문은 이 사실을 특별한 일처럼 일제히 보도하니 나는 의아하기까지 했다. 처분 해제보다 구시대의 반인권적인 보안관찰법이 버젓이 살아서 사람들에게 고통을 주고 있다는 것이 뉴스가 되어야 하는 것 아닌가.

보안관찰법은 국가보안법이나 간첩죄, 내란죄 등을 위반한 이른바 '정치범'에 대해 '재범의 위험성을 예방하고 사회복귀를 촉진하기 위하여 보안관찰처분을 함으로써 국가의 안전과 사회의 안녕을 유지함을 목적으로 한다'(동법 제1조)고 표방한다. 근대 형벌은 인간의 사상이 아니라 행위에 대해서 과해지는 것이므로, 재범의 우려가 있다고 '사회방어'라는 미명 아래 죄 없는 사람의 자유를 박탈하는 것은 있을 수 없는 악법이다.

보안관찰법은 일제의 조선사상범보호관찰령(1936)에 그 기원을 두고, 유신시대에 일제가 발명한 사상전향제도를 본받아 사상전향을 하지 않는 정치범들을 만기가 되어도 계속 구금하는 사회안전법(1975)에 계승되었다. '사상전향'이란 혁명이나 개혁 등을 지향하는 정치행위가 사상이 불령하고 잘못되었기 때문에 생기며, 그 사상을 포기하게 하면 사상범죄는 없어진다는 일본 검사의 엉뚱한 생각에서 1935년에 만들어졌다. 인간의 머리가 잘못되어서가 아니라 사회의 현실이 잘못되어 사회에 대한 비판이나 개혁의 목소리가 일어나는 것인데, 일제 검사가 생각해낸 것이 나치 독일에도 없던 사상전향제도였다. 일제가 패망하자 미 점령군사령부가 일본 군국주의의 가장 잘못된 제도로 치안유지법과 함께 무엇보다도 먼저 폐지한 법과 제도를 소중하게 계승한, 세계에서도 유례가 없는 정부가 박정희의 유신독재정권이었다.

박정희가 암살되고 유신체제가 붕괴한 다음, 사회안전법의 '보안감호'와 '주거제한'을 빼고 관찰처분을 남긴 것이 보안관찰법이다. 그러나 관찰처분 자체는 재판도 거치지 않고 피처분자들의 기본적 자유를 중대하게 침해하는 것이다. 2월 법원의 무죄선고와 이번 처분 해제의 전제는 보안관찰법 자체는 정당하다는 것이다. 국제사회도 여러 차례 이 악법을 없애라고 촉구했고, 국가인권위원회도 보안관찰법의 폐지·개선을 권고한 바 있다. 이번 해제에 대해서 강용주는 '민주화된 이 세상에 아직 보안관찰법이 있다'고 알리는 구실은 했다고 하지만, 강용주가 살아온 용감하고 험난한 길에 비추어볼 때 공권력으로부터 '위험성 없는 보통 인간'으로 인증받은 것에 만족한다면 너무 왜소해 보인다.

내가 강용주를 처음 만난 것은 1986년 악명 높은 대전교도소에서였다. 5년간 엄격한 정치범 수용사동에서 여린 감수성과 명석한 두뇌, 투철한 투쟁정신을 가진 그와 고락을 함께했다. 출소 이후에도 내가 가장 아끼고 존경하는 후배로 관계를 맺어왔다. 그는 '구미유학생간첩단사건' 공범 속에서도 구미에 가보지도 못한 '하바리'인데도 홀로 사상전향을 거부하고 가장 긴 징역을 살았으며, 한국 학생으로 선례가 없는 비전향 장기수로 14년의 옥살이를 견디면서 권력의 온갖 탄압과 회유에 항거하여 사상전향과 준법서약, 반성문을 끝끝내 거부하여 싸웠다. 옥중에서 단식은 물론 헌법소원, 유엔 인권위원회에 대한 개인통보 등 갖은 수단으로 사상전향제도를 고발하고 폐지로 몰아넣는 결정적인 역할을 했다. 그의 투쟁은 한국의 정치범 감옥 투쟁사뿐만 아니라 일본을 포함한 세계 옥중투쟁사에서 빛나는 위업을 이루어낸 것으로서, 서준식 등 소수를 제외하면 그 예가 없다.

그렇기에 이번 처분면제조치의 취지는 잘못되었으며 한참 왜소해 보인다. 아마 그도 내심 특혜적인 권력의 예외조치를 씁쓸하게 받아들이면서, 해제 결정 후 갈릴레오처럼 되돌아서서 "그래도 국가보안법이나 보안관찰법 같은 반인권적이고 반통일적인 법 자체가 문제다!"라고 뇌까렸을 것이다. 그가 고등학교 3학년 때 총을 들고 전남도청 앞 전투에 참여하고, 옥중 14년과 보안관찰 19년의 힘겨운 세월을 보내는 동안 그의 바람은 평범하고 즐겁게 인생을 사는 것이었을 것이다. 그러기에 그렇지 못하게 한 세상에 대한 분노가 그만큼 컸을 것이다. 그동안 그가 얼마나 괴롭고 힘들었을까 생각하면 보안관찰법의 묵시적인 용인이라는 전선이탈을 탓할 수 없다. 그를 외로운 처지에 몰아넣은 것은 우리 모두의 탓일 것이다. 국가보안법과 보안관찰법이 버젓이 위세를 떨치는 사회에 대해서 '촛불혁명'이 도대체 무엇을 했으며, 사람들의 의식을 얼마나 바꾸었을까 깊이 자성할 때가 아닌가.

_ 2018. 12. 26

오키나와 정체성의 표상, 다마키 데니

●
●
●

전주의 시민운동단체 '한몸평화'와 함께 오키나와에 다녀왔다. 기행의 막바지에 이에지마(伊江島)를 찾았다. 오키나와 북부의 모토부(本部)항에서 뱃길로 30분, 10㎞도 안 되는 거리다. 둘레 18㎞, 인구 4,500명의 땅콩 깍지 모양의 조그만 섬에는 2차대전 당시 동양 최대의 군용비행장이 있었으며, 섬의 최고봉, 172m의 성산을 둘러싼 공방에서 일본 군민 3,500명이 죽고, 1,120명의 미군 사상자가 나오는 격전이 벌어졌다. 섬을 점령한 미군은 비행장을 확장하여 훈련장으로 사용했다가, 6·25전쟁이 터지자 북한을 겨냥한 모의핵폭탄 투하훈련장으로 이용했다.

처음에는 섬의 절반(지금은 20%)이 군용지로 강제 수용되어 주민들은 2년 동안 수용소 생활을 하다 집도 땅도 빼앗기고 내동댕이쳐졌다. 그래도 고향에 돌아가서 수용된 땅에 토막을 짓고 농사도 지었는데, 주기적으로 미군이 와서 다시 집을 파괴하거나 농민을 붙잡아 갔다. 농민들은 1954년부터 토지의 반환과 보상, 미군의 폭력 반대를 외치고 목숨을 건 투쟁에 나섰다. 그때부터 수백 명의 남녀노소는 섬을 나가서 1년 이상 오키나와의 마을마다 걸식하면서 미군의 포악과 농민들의 곤경을 호소하는 '거지행진'을 벌였다. 같은 처지에 있던 수많은 사람들의 공감을 불러일으켜 전 오키나와를 뒤흔드는 '시마구루미'(온 섬, All Okinawa) 투쟁으로 발전하니, 1958년 미군은 토지사용료의 대폭 인상 등을 약속하게 되었다.

'시마구루미' 투쟁이 다시 주목을 받은 것은 2014년 당시 자민당 소속 나하시장이던 오나가 다카시(翁長 雄志)가 당의 정책을 거슬러 헤노코(野古) 기지 건설 반대를 표명하여 출당되면서도, 범야권 후보로 현(縣)지사에 당선되었기 때문이다. 오나가는 '이데올로기보다 아이덴티티'라는 구호로 초당파적 선거태세를 만들어 'All Okinawa'라고 불렸다. 일본에 의한 오랜 오키나와 지배와 차별, 그리고 일본 면적의 0.6%에 지나지 않는 오키나와에 주일미군기지의 70%가 몰려있는 부조리를 권력과 돈으로 밀어붙이려는 아베정권의 오만은 오키나와 사람들의 비위를 거슬러 그들을 각성시켰다. 그래서 오나가 지사는 아베의 헤노코 기지 건설 강행에 완강하게 맞서다가, 2018년 8월에 갑자기 암으로 죽었다. 이에 따라 9월 오자와 이치로(小沢一郎)계의 소수정당인 자유당 소속의 다마키 데니(Deny 玉城)라는 이색적 인물이 큰 정당 사이의 상호 견제 속에 다분히 어부지리적인 요행도 작용하면서 지사 후보가 되어 현지사로 뽑혔다.

그는 미 해병과 이에지마 출신의 여성 사이에 태어났다. 다마키는 미국으로 가버린 아버지의 이름도 주소도 모른다. 어머니는 오키나와시에서 일하고, 이에지마에서 사는 그는 다른 아주머니가 키웠다. 오키나와 본섬의 고교를 졸업하고, 라디오의 MC, 프로듀서로 일하면서 경묘한 우치나구치(오키나와 말)로 노인들의 인기를 모았다. 2005년에 오키나와시의 시의회 의원에 당선되고, 2009년에 민주당 후보로 중의원에 출마하여 내리 4선을 했다. 소수정당 소속의 그가 국회의원이나 현지사가 된 것은 다분히 운이 작용했지만, 미군병사를 생물학적 아버지로 둔 가난한 미혼모의 아이가 지사가 된 것은 미군이 버리고 간 '아메라시안(오키나와에서 만든 American과 Asian의 합성어로 미군과의 혼혈아의 뜻)' 아이들이나, 미군기지에 성적 착취를 당하며 사는 여성들이 흔한 오키나와니까 가능한 일이었다. 역으로 아버지가 미국인이니까 가능했다고도 볼 수 있어서 굴절된 오키나와 사람들의 심리가 반영되어 있는 면도 있었다.

이번 지사선거에서 다마키는 39만6,632표를 얻어 자민당 후보에 비해 8만 표가 많은, 역대 최대 표차로 승리했다. 선거 출정식을 벽지인 고향 이에지마에 우뚝 선 성산에서 연 것은 정체성에 대한 그의 집착을 시사해준다. 그의 승리 요인에는 요즘 보수화되어 가는 젊은이들의 높은 지지율도 있다고 한다. 탤런트 출신으로, 노래를 부르고 춤추고 경묘하게 말하는 다마키의 권위에 얽매이지 않는 태도가 젊은이들의 호감과 지지를 받았다. 오만불손한 아베에게 감연히 맞서는 그의 모습은 포스트모던적인 동아시아의 표상이라고도 할 수 있다.

    오키나와가 아베의 과거회귀 구상에 걸림돌로 버티고 있다. 오키나와는 '태평양의 요석(Key Stone)'으로 미국의 냉전 최전선의 구실을 해왔다. 한국도 그 미국의 동아시아 군사지배 체제의 구도 속에 위치해 왔다. 바로 그 '요석'이 다마키 데니라는 표상을 얻으면서 부메랑이 되어 아베의 뒤통수를 치려 하고 있으며, 미국의 동아시아 군사지배에 심각한 균열을 내고 있다. 오키나와는 우리 문제이기도 하다.

_ 2019. 1. 27

'한반도 평화' 주권은 우리에게

북·미 하노이선언은 마지막 순간에 환영으로 사라져버렸다. 예비회담을 거쳐 합의문도 거의 완성되는 수뇌회담에서는 지극히 이례적이다. 이에 트럼프 대통령은 "나쁜 합의보다 낫다"며 회담장을 걸어나왔다. 미국의 여론을 의식한 강경한 모습을 보이려는 심산도 엿보인다. 미국 여론도 이를 받아들였다고 한다.

김정은 위원장도 서명을 거부하고 회담은 무산되었다. 제재의 고삐를 바짝 죄면서, 도이머이 정책으로 눈부시게 변모하는 하노이에서 북한의 엄청난 발전 가능성을 떠벌리고, 핵·미사일 포기 시의 장밋빛 그림을 그리는 트럼프의 유혹에 넘어가지 않고 회의장을 걸어나온 김 위원장의 결단을 다시 주목해야 할 대목이다. 압도적으로 물질적인 우위에 서는 트럼프가 "거래하는 자는 언제든지 걸어나올 줄 알아야 한다"면서 물건을 흥정하기 위해 거래의 중단으로 상대를 압박하는 것과는 달리, 오랜 제재 속에서 지친 약소국을 이끄는 김 위원장의 입장은 매우 어렵다. 회담의 첫 소감으로 "어느 때보다도 많은 고민과 노력, 그리고 인내가 필요했던 기간이었다"고 한 표명에 잘 나타나 있다. 북한 입장으로서는 핵은 단순한 무기가 아니고, 어떤 고난 속에서도 목숨을 걸고 지켜온 주권의 문제인데, 트럼프와 같은 교활한 장사꾼을 상대로 협상할 수밖에 없는 것이다.

공정한 거래는 쉽지 않으나, 거래에는 반드시 승자와 패자가 있어야 하는 것도 아니고, 쌍방이 이득을 보는 윈윈 게임도 있으며, 좋은 장사꾼은 상대에게도 이익을 주면서 서로가 이득을 보는 장사를 하는 법이다. 트럼프는 '거래의 달인'을 자처하지만, 그의 변호사였던 코언의 말대로 '인종주의자이며, 거짓과 속임수를 일삼는' 그는 수단방법을 가리지 않고 치부한 사람이 아닌가. 트럼프의 의도는 북한을 무장해제시키고, 신자유주의적인 시장경제 속으로 끌어들여 마음대로 주무를 생각일 것이다. 그 반면, 북한이 지향하는 바는 주권의 고수와 자기식의 경제번영, 그리고 민족의 통일일 것이다.

북·미가 모두 '평화'를 말하나, 그 내용은 판이하다. '팍스 아메리카나'의 당사자인 미국에 '평화'는 자신의 지배질서의 관리·유지에 다름이 아니다. 반대로 미국의 침략 의도에 항거하고 싸워온 북한에게 평화는 미국의 군사적인 위협이 없는 생존권의 확보다. 냉전 붕괴로 중·소와의 동맹이 무너진 북한은 알몸으로 미국과 맞서게 되고, 경제위기까지 겹쳐 '빈자의 무기'인 핵·미사일을 선택했기에, 국제질서에서의 일탈자 또는 무법자로 낙인찍혀 일방적인 제재의 대상이 되었다.

그러나 2017년 9월 대륙간탄도미사일을 완성하고, '핵·미사일'이라는 전략적 공격·보복수단을 확보해 미국의 교섭 상대자로 등장하게 되었다. 2018년 6월 제1차 북·미 정상회담을 열고, 북·미간의 새로운 관계를 열기 위해 한반도 비핵화와 평화체제 확립을 약속하기에 이르렀으며, 이번 2차 북·미 정상회담에서 그것을 구체화하게 되었었다. 사전 협의에서 북한의 영변 핵단지의 투명하고 완전한 폐기 및 핵·미사일 실험 중단, 미국 측의 제재 일부 완화와 쌍방 연락사무소 설치를 맞바꾸기로 큰 틀에서 합의했다고 하는데, 본회의에서 등 미국은 영변 핵단지 외의 시설인 강선 플루토늄 제조공장의 해체를 요구했으며, 북측이 전면적인 제재 해제를 요구했다고 회의장에서 걸어나 온 것이다.

거기에 대해서 리용호 북한 외무상과 최선희 외무성 부상이 심야에 기자회견을 열어, 북한이 요구한 것은 "유엔 제재 결의 11건 가운데 2016년부터 2017년까지 채택된 5건, 그 가운데 민수경제와 인민생활에 지장을 주는 항목들만 먼저 해제"할 것이었다고 해명하고, 미국이 새로운 문제를 들고나온 것은 "그 계산법을 이해할 수 없다"고 의아해 했다. 북한은 평화를 위해서는 '신뢰'가 필요하고, 단계적 '행동 대 행동'으로 신뢰를 쌓아가야 하기에 영변 핵단지의 해체와 민생관계 제재 해제의 맞바꾸기로 제1단계의 신뢰를 쌓으려고 했다고 한다. 어차피 15개월에 이르는 핵과 미사일 실험의 동결로 현상의 평화는 확보되어 있으니 유엔 제재의 이유도 소멸했는데, 제재는 하나도 해제되지 않는 현실이 있다.

    미국은 대북 교섭이 끝난 것이 아니라고 하고 있으며, 북측도 미국을 비난하지 않고 재교섭의 여지를 남겨두었다. 문재인 대통령은 적극적 중재자로 나설 각오를 표명하고, 미국에 금강산관광과 개성공단에 대한 제재 해제를 요청하겠다고 했다.

    2019년 2월 19일 우석대학교 동아시아평화연구소가 인재근, 강창일 의원실의 협조를 얻어 개최한 '제재와 주권' 국회 정책세미나에서 표명된 바가 있으나, 제재로 주권의 제약을 받고 있는 것은 북한만이 아니라 한국도 마찬가지 아닌가 하는 현실이 있다. 그러기에 제재를 우회하는 궁리를 하기보다 '우리의 운명을 우리가 결정'하는 '주권'이 있음을 과감하게 주장해야 할 때다. 제재의 해제와 6·25전쟁의 종결, 한반도 평화체제의 확립은 바로 우리 민족의 주권 회복의 과정이기도 하고, 또한 '촛불행동'을 통해서 얻어낸 국민주권을 민족주권의 확립으로까지 승화시키고, 한반도 평화의 시대를 본격적으로 시작할 기회이기도 하다.

_ 2019. 3. 3

한반도 평화의 시대

　'한반도 평화의 시대'의 꽃이 피리라는 기대가 하노이에서 꽃샘추위를 만나서 시들어버렸다. 2018년 눈부시게 뻗쳐나간 남북, 북·미 관계가 하노이에 그대로 이어지고, 한반도 평화의 시대가 오리라는 기대가 부풀어 올랐았다. 그래서 우석대학교 동아시아평화연구소에서는 개교 40주년 기념 행사로 5월 9일에 '한반도 평화의 시대와 동아시아의 변모'라는 주제로 연구소의 첫 번째 국제심포지엄을 개최하기로 했다. 한반도 평화의 시대가 우리 겨레에 평화번영·통일의 시대를 가져올 뿐만 아니라, 한반도 분단으로 말미암은 긴장과 불안 속에서 농락당해온 동아시아에도 엄청난 변화를 가져올 것이다. 북·미관계의 제자리걸음으로 '한반도 평화의 시대'의 시작은 좀 지체되겠으나, '한반도 평화의 시대'는 꼭 온다는 낙관주의와, 와야 한다는 당위성에 대한 소망을 품고 '한반도 평화의 시대'에 대해서 생각해

본다.

종전에는 '통일'과 '통일시대'를 많이 강조했었는데, 나는 통일에 이르는 길고 점진적인 변화의 시대를 '평화의 시대'라고 규정하고 싶다. 우선 전쟁은 반드시 막아야 하며, 통일에 이르는 길고도 점진적인 과정을 착실히 다지면서 남북이 신뢰를 구축해야 하기 때문이다. '분단시대'에서 '평화의 시대', 그리고 '통일시대'로 발전하는 그림을 확실히 그려야 한다.

달이 차면 이지러지듯이 전쟁과 살상이 극에 달하면 사람들은 평화를 갈망하게 된다. 유럽의 중심부를 무대로 기독교의 신교와 구교가 벌인 처참한 '30년전쟁(1618~1648)'은 기근과 전염병까지 더해지면서 400만 명이 넘는 희생자를 냈고, 전쟁터가 된 독일 일원은 완전히 쑥대밭이 되어버렸다.

종교적인 광기로 시작한 엄청난 파괴의 결과, 당사자들은 더 이상 싸울 기력도 체력도 다하여 전쟁은 종결되었다. 평화가 온 것이다. 그뿐이랴. 베스트팔렌 종전회담에서 신앙의 자유(종교적 관용), 국가의 자주독립·평등·내정불간섭이라는 주권국가체제, 국제법체제 등 근대 국제사회의 핵심적인 룰이 만들어졌다.

우리 겨레도 근대 이후 외세의 침략과 전쟁으로 엄청난 피해를 입었으며, 6·25전쟁에서는 22만㎢의 한반도에서 3년간 400만 명에 달하는 인명이 희생되었고, 이북의 주요 도시는 지상의 건물이 하나도 남아나지 않을 정도로 완전히 파괴되었다. 그래서 우리가 그 누구보다 평화를 열망할 텐데, 전쟁은 완전히 종결되지 않고 남북 상호 적대와 증오가 증식되어 왔다. '세계에서 마지막 잔존하는 냉전'의 현장에서 북·미의 대립은 극을 치닫고, 핵·미사일의 극한적 대결로 전쟁 직전까지 위기가 고조되었다.

핵·미사일의 위기를 해소하기 위해 그 뿌리인 38선을 사이에 둔 적대관계를 종결시켜야 한다. 1차적으로는 북한과 미국의 종전선언에 이어 북·미 양자 간, 또는 한국, 중국을 넣은 3자 또는 4자 간의 평화협정 체결과 정상적인 외교관계의 수립으로 일단 당사자 간의 전쟁 종결 절차는 마감한다. 이 평화협정에 대한 보장장치를 만들기 위해 러시아, 일본 등 주변 관계국을 포함한 보장조약이나 남북, 일본으로 구성된 '동아시아 비핵·평화지대'의 설정도 생각할 만하다. 또한 유엔에서의 종전결의나 평화결의도 필요하리라.

이들 '한반도 평화의 시대'를 열어나갈 외부적인 여건의 조성과 더불어 필요한 것이 한반도 내부적인 여건의 마련이다. 바로 통일이라는 정치적 결합을 우선하는 것보다, 상호적이고 단계적인 소통, 교류, 협력, 합작, 공동번영, 화해를 통한 화학적인 융합의 과정을 거쳐가는 것이 좋으리라. 무엇보다 시급한 것이 이번 한반도 위기 상황에서 여실히 드러났듯이 미국에 의해 제약되어온 한국의 주권 회복일 것이고, 친일파, 반공 파시스트의 청산과 국가보안법과 같은 악법의 폐지를 통한 인민주권의 확립과 민주주의의 전진일 것이다. 또한 '천안함 사건'과 같은 남북 현안 문제의 진상규명을 위해 '남북진실화해위원회'가 마련되어야 할 것이다. 한반도 평화시대의 새로운 정치를 펼치기 위해 이미 논의된 연방정부나 연방의회, 전 민족회의, 남북조절위원회 등을 재검토하여 민중 중심의 남북 소통기구, 숙의기구 또는 의사결정기구가 마련되어야 하겠지만, 동시에 남북 공통의 가치관 함양이 매우 중요하다고 생각된다. 작년 남북정상회담에서 찰떡궁합이 연출되었던 것은 양 정상의 가슴속에 한반도 평화, 전쟁 발발의 절대 저지라는 공통의 신념이 깔려 있었기 때문이라고 할 수 있다.

'한반도 평화의 시대'에는 새로운 정치의 창조와 새로운 정치의식의 제고를 위해 노력해야 한다. 분단시대에서 한반도는 단절과 폐쇄의 상징이었지만, '한반도 평화의 시대'에는 동아시아의 소통과 교류의 교차로가 되고, 새로운 정보와 지식, 가치의 생산과 교환의 마당이 되고, 동아시아의 평화와 진보를 애호하는 사람들을 끌어당기는 자장이 될 것이다.

오랜 반제국주의, 반독재, 민주화 투쟁 속에서 끈질긴 비폭력 저항운동을 통해 드디어 민중들은 깨어있는 주권자로서 우뚝 서게 되었다. 이제 한국도 정의롭지 못한 국제질서에 감연히 맞서고, 평화를 창조해낼 수 있는 주권국가가 되어 '동아시아 평화의 시대'의 주인공이 되어야 할 것이다.

_ 2019. 3. 31

'정상적인' 한일관계란 무엇인가

한일관계가 비정상이고 최악이라고 한다. 국교정상화 이래 한일관계는 계속 풍파를 겪어왔으나, 작년 가을부터 극도로 악화되었다.

최근 크게 부각된 쟁점은 '징용공'(강제동원 노동자) 문제다. 2018년 10월 30일, 한국 대법원이 일본 기업인 미쓰비시중공업의 책임을 인정하고, 배상금 지불을 명령하는 판결을 내렸다. 이에 일본 총리와 외무대신은 한일조약과 청구권협정으로 이미 해결된 문제를 재삼 들고나왔다며 크게 반발했다. 일제의 강제동원 문제는 제기된 지 오래다. 근로정신대 피해자와 유족은 미쓰비시중공업을 상대로 손해배상 청구소송을 제기해 2018년 대법원에서 최종 승소했고, 신일철주금(구 신일본제철)을 상대로 낸 소송에서도 같은 해 최종 승소했다. 이에 앞서 신일철주금은 2012년 주총에서 한국 근로정신대 피해자들에게 배상을 통해 화해하려고 했다.

이전부터 일본 전범기업의 불리한 상황에 영향을 준 독일은 2000년 연방정부와 6,000개의 전범기업들이 총 101억 마르크의 절반씩을 부담하여 나치에 의한 강제노동에 대한 배상을 위해 '기억, 책임 그리고 미래'란 이름의 재단을 설립했다. 이 재단은 2007년까지 100여개국 7,700만 강제노동자들에게 배상했다. 하지만 아베 정부는 한국의 근로정신대 피해자인 원고와 화해하려는 일본 기업에 제동을 걸었다. "버릇이 되어 다른 기업들에도 악영향을 준다"는 이유에서였다. 이렇게 아베가 문제를 꼬이게 만들었고, 이후 대법원 판결로 '최악의 한일관계'에 이른 것이다.

다음은 일본군 위안부 문제와 관련해 2017년 '최종적이고, 불가역적'인 '12·28 한·일 합의'에 의해 설립된 '화해·치유재단'의 해산 문제다. 이 문제도 박근혜가 무책임하게 국회 비준도 없고 문서 공개도 없이 이면 합의까지 더하여 구두로 합의를 발표한 것이다. '위안부' 문제에 대한 국제적 비난에 시달려 온 아베는 이 합의로 "위안부 문제는 완전히 해결되었다"고 선전하는 데 크게 이용했으니, 2018년 11월 21일 한국 정부의 화해·치유재단 해산 발표에 크게 반발했다.

게다가 웃기는 것은 같은 해 12월 20일 한국 구축함이 일본 자위대기에 레이더를 조사(照射)했다고 하여 일본이 난리를 떤 일이다. 누가 먼저냐는 진실공방은 차치하고, 레이더를 쏘았다는 게 대단한 문제라고? 독도 근해에서 북한의 표류선에 대한 구조활동을 하던 한국 해군함정에 일본 초계기가 위협적으로 근접 비행한 것은 외교 준칙에도 벗어나고 '평화헌법'을 가진 전후의 일본으로서는 상상하기 힘든 행동이다. 일본의 군사적인 존재감을 과시하려 하는 도발로밖에 볼 수 없다. 그런데 이 사건들에서 기인한 일본에서의 '한국 때리기', '혐한' 풍조는 절정에 올랐다.

이런 상태를 두고 '한일관계가 비정상'이라면서 국내 일부 정치인과 관료, 학자들은 한국도 잘못을 뉘우치고 한일관계를 정상화해야 한다고 주장한다. 그러면 한일관계는 정상이었는데 한국의 잘못으로 비정상화되었는가? 정작 '도대체 정상적인 한국과 일본의 관계라는 것은 무엇일까?'란 물음에 대한 답은 별로 본 적이 없다. 일단 이론적으로는 정상적 국가관계란 독립된 주권국가로서 대등한 외교관계를 맺고 교류함을 말하는데, 각 나라가 독립적이고 자주적이어야 한다.

한일관계는 일본과 한국이 미군 지배하에서 외교주권을 가지지 못한 시기에 식민지 지배와 피지배의 관계 청산도 없이 어물쩡 시작되었다. 그런데 한국은 애초부터 분단으로 인해 강제적으로 미국 지배권에 편입되어 동서냉전의 한 축이 되었고, 한국과 일본은 모두 '반공' 우방국의 틀에 묶였다. 미국은 베트남전쟁 수행의 필요성 때문에 1965년 한일조약으로 '국교 정상화'를 양국에 강요했다. 1960~1970년대 한국에는 일본에서 생산한 전자제품 등이 쏟아져 들어왔고, 거리에는 '기생관광'을 온 일본인들이 활보했다. 한국인들의 인식 속에서 '일제(일본 제품)'가 '일제(일본 제국주의)'를 압도하고 회자되었다. 거시적으로 보면, 미국의 동아시아 지배구도 속에서 한국은 일본의 하위에 자리하면서 '대 공산주의 방파제'의 구실에 안주했다. 그리고 '한강의 기적' 속에서 목숨을 마멸시키는 장시간 저임금의 고한(苦汗) 노동으로 원색적인 욕망만이 요동치는 야만의 시대를 겪었다. 일제에 충성을 맹세한 일본군 출신의 독재자의 나라에서, 일본은 대접을 받고 돈벌이도 실컷 하면서도 기술적 우위를 무기로 한국을 계도하는 교만을 즐기는 시대가 '정상적인 한일관계'의 시대였던 셈이다.

그런데 중국과 한국의 경제적 도약은 일본의 '아시아 넘버 원' 자리를 위태롭게 했다. 여기에 한국의 민주화, 특히 촛불집회로 탄생한 문재인정권이 평화와 통일의 눈부신 아이콘이 되고, 그래서 과거 일본의 지배를 받던 조선이 국제적으로 각광을 받자 일본 극우세력들은 도저히 참을 수 없는 시기와 질투, 증오심을 느끼며 극단적인 비난을 쏟아내고 있는 것이다. 우리는 일본을 상전으로 모시는 한일관계로 결코 되돌아갈 수도 없고, 되돌아가서도 안 된다. 민주적 주권국가인 한국, 그리고 새로운 남북의 '평화 시대'에 걸맞은 한일관계를 열어나가야 할 것이다.

_ 2019. 4. 28

국가가 베푸는 '명예회복'이란

나뭇잎이 푸르르고 하늘이 파란 한국의 5월은 아름다움을 찬찬히 상미할 여유도 없이 바쁜 달이다. 2019년 5월 9일 우리 동아시아평화연구소도 큰 행사가 있었다. 우석대학교 개교 40주년 기념 국제심포지엄 '한반도 평화시대와 동아시아의 변모'다. 중국, 일본에서 온 논자들이 남북이 힘을 합치는 한반도 평화의 미래를 전망했다.

올해 5·18 기념행사 중에 '국가폭력과 국가의 보호 책임'이라는 심포지엄이 있었다. 나는 토론자가 되었는데 부득이 못 갔다. 내 세션에서 한성훈은 과거청산의 국가책임과 기준을 이론적으로 논했으며, 독일과 인도네시아 등에 대해서 보고했다. 그중에 관심을 끈 것이 인도네시아의 '65~66 대학살'이었다.

1965년, 내가 대학 2학년 때 인도네시아 수하르토가 이끈 군부가 수카

르노 대통령을 감금하여 공산당원, 화교 등 100만~200만 명을 학살했다는 뉴스를 들었다. '9·30사건'이다. 5~6년 전에 일본의 교토 시네마에서 <Act of Killing>(2012)이라는 영화를 보고 옛날의 충격이 되살아났다. 이 영화는 미국인 감독이 반세기 전의 대학살 사건을 학살자들의 입을 통해서 재구성한 것이다. 가해자가 다큐멘터리 영화에 버젓이 출연하고, 오히려 그 만행을 자랑한다. 이슬람 극우단체의 두목 앙와르 등이 길거리를 싹쓸이하여 '빨갱이'를 잡아내고 학살했으며, 효율적으로 죽이기 위한 도구를 만들었다고 사용방법도 소개한다. 철사의 끝을 기둥에 묶어, 그 철사를 납치해 온 자의 목에 감고 다른 한끝에 단 나무 손잡이를 힘껏 잡아당겨 죽이는 장면을 거리낌 없이 카메라 앞에서 재연해 보인다.

　내가 소학생 때, 추운 겨울밤에 제주에서 밀항해 온 늙은 대학생이 내 집 현관방에서 사타구니에 화로를 끼고 눈물을 뚝뚝 흘리면서, 4·3 때 자기 눈앞에서 학교 담임선생이 철사로 목이 졸려서 죽은 이야기를 하던 장면을 떠올렸다. 더욱더 혐오스러운 것은 인도네시아 학살자들이 부와 사회적인 지위를 누리고 호화로운 생활을 하는데, 앙와르는 저택 풀장에서 새의 발을 부러뜨린 어린 손녀에게 "새가 아프잖아. 그러면 쓰나?"라고 인자하게 타이르는 장면이었다. 지금도 이슬람 극우단체 멤버들이 때때로 검은 안경에 민병대 제복을 입고 지프차를 몰고 동네를 누비며 위세를 과시하곤 하는데, 그 악한들도 밤이면 악몽에 시달리고 돼지 멱 따는 소리를 내며 잠에서 깨곤 한다. 독재자 수하르토가 쫓겨난 후에도 대학살에 대한 조사조차 제대로 진행되지 않고, 가해자가 처벌받지 아니하고 피해자가 보호와 구제를 받지 못하는 나라에서 온 활동가를 앞에 두고 인권의 기준이네, 권리네 하는 말은 너무 한가로워 보였다.

한성훈 보고에서는 "중대한 인권침해의 피해자들을 위한 구제조치 및 배상에 대한 기본원칙과 가이드라인"을 들면서, 피해자에게 '보편적 인권'에 의거하는 처우와 권리를 부여할 것을 역설하고 있으나 한가한 소리다. '이행기의 정의'는 포악한 국가폭력을 타도하고 가해자를 심판할 때 비로소 모습을 드러낸다. 피억압자들의 손으로 법·정치질서가 확립한 후에 인권이니 화해니 하는 말을 할 수 있을 뿐이다.

그는 "은폐되고 왜곡된 사건의 진실규명과 피해자 명예회복이 최우선"이라고 하고 있지만, '피해자 명예회복'은 도대체 뭘 말하는가? 흔히 '오명을 벗는다'고도 하는데, 부당한 판결을 받은 자가 재심으로 무죄를 받아 범죄자의 이름을 벗는 것을 뜻하는 경우가 많다. 그러나 정치범 재심재판에서는 피고인의 사상이나 정치적 행위를 묻기보다는 구류기간, 체포영장, 고문의 유무, 재판을 받을 권리 등등 형사소송법 상의 절차적 하자의 유무를 다툰다. 독재시대의 정치재판은 모두 법적 하자가 있게 마련이라서 거의 모두 무죄가 나온다.

여러 과거청산법의 단서에서 규정하는바, '자유민주주의 체제'를 옹호한다는 것은 반공, 분단, 시장경제사회에 순종하는 '양민'이라는 뜻이다. 냉전 시기에 공권력의 탄압을 받은 자들은 많은 경우 '미제국주의의 조국 분단·지배'에 반대하고 사회주의의 이상에 불타던 자들이었다. 예를 들어 제주 4·3사건의 지도부는 당시 미제의 분단·점령과 이승만 독재에 반대하고, 조국의 통일에 역행하는 '단정·단선'에 반대한 사회주의자들인데, 그들을 아무 사상성도 없는 무고한 양민으로 둔갑시키는 것은 오히려 명예훼손이다.

재심재판에서 '무죄'를 받아, "명예회복이 되었다", "민주주의의 승리다"라고 떠드는 자들도 종종 본다. 물론 인간은 사상이 바뀔 수도 있지만, 옛날부터 아무런 변절 없이 지조를 지켜 살아온 양 행세하는 것은 자기와 남을 기만하는 행위다. 물론 한국에서는 무수한 '막걸리 반공법 위반자'처럼 무고한 죄인들도 많다. 그러나 해방 후 수많은 정치범 속에 공산주의자도 사회주의자도 하나도 없다고 하면 엄청난 조작이다. 그들의 제대로 된 '명예회복'은 그의 정치사상과 정치활동의 정당성을 원래대로 인정하는 것이다. 즉, 그의 사상과 정치활동이 잘못한 것이 아니라, 그를 불법으로 규정한 국가보안법이나 반공법 등 정치형법이 잘못했다고 해야 할 것이다. '국가의 책무' 운운하며, 국가권력이 국가폭력의 희생자를 '명예회복'을 시킨답시고 국가권력이 바라는 틀에 맞추는 제2의 사상전향공작을 추진하지 말아야 한다.

_ 2019. 5. 26

지바나 쇼이치와 '일장기'

∙
∙
∙

    일본 오키나와의 반전평화운동가 지바나 쇼이치(知花昌一)가 2019년 5월 말 울산지역 역사교사들의 초청으로 한국을 방문했다. 3년 전 오키나와 요미탄(読谷)촌을 찾아가 그와 그의 맹우인 긴조 미노루(金城) 조각가를 만나 받았던 감동을 학생들에게도 전하려고 교사들이 '사제동행 특강'을 마련한 것이다. 구김살 없는 지바나의 진솔한 마음, 부조리한 차별과 폭력 속에서 살아온 오키나와의 소박한 평화를 갈구하는 마음이 학생들의 마음에 꽂혔다.

    지바나 쇼이치는 1987년 오키나와가 일본으로 복귀한 다음 처음으로 개최된 전국체전에서 소프트볼 경기장의 히노마루(일장기)를 끌어내려 불을 붙인 사건으로 세계에 알려졌다. 이는 노마 필드가 쓴 <천황이 죽어가는 나라에서>(창비·2014년)에서도 다루어졌다. 기물손괴라는 경범죄에 해당

되는 행위가 당시 '천황'을 모독하여 나라에 반역하는 '대역(大逆)사건'이 되었다. 격앙한 우익들은 지바나를 "국적", "매국노"라고 매도하며 그가 경영하던 마을 슈퍼마켓에 불을 지르고 냉장고도 파괴해버렸다.

제2차 세계대전 패전 후 미군정하에서 '히노마루'와 '기미가요'는 '일본 군국주의의 상징'으로 금지되었다. 1952년 미군정의 종식과 '주권회복' 후에도 군국주의 부활에 대한 사람들의 경계와 자제가 작동한 시기를 거쳤다. 1960년대, 내 청춘시대에는 일본 국민에게 국기·국가의 강요는 없었고, 국민들도 히노마루, 기미가요에 별 관심이 없었다. 젊은이들은 이것을 촌스럽고 억압적이라며 혐오했다. 그러다가 1990년대 말, 일본이 헌법 9조와 '전수방위(專守防衛·모든 군사력을 자국 영토 방위에만 할당)'의 틀에서 벗어나려는 움직임이 노골화되고, 자위대의 해외파병과 전투의 합법화가 진행되던 즈음인 1999년에 히노마루와 천황의 영원한 치세의 번영을 기리는 가사를 담은 기미가요를 국기·국가로 하는 법이 성립했다.

이후 음습한 행정벌로 히노마루, 기미가요에 저항하는 교사나 공무원을 압박하여 학교나 행정관청에서 히노마루와 기미가요를 강요했다. 그래서 1987년 당시에는 지바나를 '거룩한 천황의 나라'에 대한 모독이나 '역적'으로 몰지 못하고, 기껏 '건조물 침입', '기물손괴', '위력업무방해'로 기소하여 징역 1년에 집행유예 3년의 형을 언도한 것이다. 차라리 국기·국가에 대한 모독을 엄벌하는 법이 있었더라면 지바나는 무죄가 되었을지도 모른다. 그 까닭은 미국에서는 1940년대부터 국기에 대한 존중보다 사상과 표현의 자유를 더 우월한 가치로 인정하고 국기를 불사르는 등의 모독을 무죄로 하는 판례가 이어졌으며, 일본에서도 1990년에 "자국 국기 손괴 금지는 위헌"이라는 최고재판소의 판단이 확정되었기 때문이다.

지바나의 히노마루 소각사건의 엄청난 파장을 이해하기 위해서는 오키나와와 일본의 역사를 살펴보아야 한다. 제2차 세계대전에서 인구의 4분의 1이 죽는 지옥을 겪고 27년간 미군정 지배를 받은 오키나와는 1609년, 일본의 가고시마(옛 사쓰마) 지방 영주이던 시마즈의 무사가 류큐왕국을 침공한 뒤 260년 동안 가혹한 수탈을 당하고, 메이지가 되자 일본 중앙정부에 병합되었다. 결국은 미군의 일본 본토 상륙을 지체하게 하기 위한 사석(死石·바둑에서 죽은 돌)으로 불필요한 살육을 강요당했음에도 미군정하에서 차별과 군사기지로의 강요를 받아 오키나와에서는 '본토복귀'(일본 통치로 돌아감)의 열망이 타올랐다.

일본 복귀론은 다분히 미군의 지배에서 벗어나기 위한 이상주의적인 면이 있었다. 즉, 교원노조 등 진보세력을 중심으로 하는 오키나와의 복귀 시위나 집회에서는 히노마루를 들고 "헌법 9조, 평화주의의 일본으로 돌아간다"는 구호를 외쳤는데, 그 무렵 일본은 미국의 베트남전쟁 수행에 충실한 후방기지로서 미·일 안보조약에 묶인 미국의 '속국'이었다. 게다가 미·일 오키나와 반환협상에서는 미군 주둔 지속을 보장할 뿐만 아니라, 핵무기의 존치를 인정하는 밀약까지 체결했다. 이 결과 미국은 오키나와 사람들의 저항 속에서 점령 통치해야 할 수고를 덜었으며, 일본은 영토회복이라는 확장주의적 야망을 채워 한층 국가주의적 자존심을 세웠다. 나중에 노벨평화상 심사위원회가 "역사상 최대의 실수"라고 자탄하지만, A급 전범 기시의 친동생 사토 총리를 오키나와 반환을 실현한 '평화주의자'로 칭송하여, 노벨평화상 수여라는 엉뚱한 덤까지 얹어주었다.

미군에 더하여 자위대까지 주둔하게 되어 오키나와는 혹을 떼려다 붙이는 우스운 꼴이 되었다. 지바나는 강연할 때 땟국물에 전 히노마루를 꺼내들었다. 지바나가 오키나와대학 학생자치회 위원장 때부터 본토복귀를 외치고 흔들었던 깃발이라는 것이다. 그 깃발에 배반당한 그는 히노마루를 태우게 되었던 것이다.

1945년 4월 1일 미군은 압도적인 화력으로 해안을 제압하여 마을 코앞에 상륙했다. 마을 사람들은 지비치리 가마(자연동굴)에 피신했는데, 상륙한 미군이 투항을 권고하자 중국전선에서 종군 간호원이던 여자가 "미군에 잡히면 험한 꼴을 당하니 자결하자"고 선동하는 바람에 사람들은 서로 죽고 죽이고, 엄마가 아기를 죽이는 참극 속에서 139명 중 82명이 죽는 비극이 벌어졌다. 이것 또한 천황에게 충성하고 "포로가 되는 수모를 당하느니 깨끗이 자결하라"는 군국주의 교육의 희생물인 것이다. 아베의 일본은 그 위험한 군국주의의 상징을 또다시 높이 들려 하고 있다.

_ 2019. 6. 23

일본의 '폭한응징'은 스스로 몰락하는 길

일본 군국주의의 오만과 몰락을 상징하는 말에 '폭지응징(暴支膺懲)'이 있다. 이 말은 '폭려지나(暴戾支那)응징'을 줄인 말로, 모질고 사나운 중국을 혼낸다는 뜻이다. 1937년 7월 7일의 루거우차오 사건을 계기로 그해 8월 15일 고노에(近衞) 총리는 "포악한 중국을 상대 않겠다"고 내뱉고, 전면적 중국 침략전쟁을 시작했다. 일제는 만주 침략 후에 화북지방을 잠식하고 중국 조야의 열화와 같은 항의에 적반하장으로 '폭지응징'이라는 구호로 중국 멸시와 침략의식을 일본 국민에게 고취하여 '난징대학살', '삼광(三光)작전' 등 제노사이드를 저질렀다. 일제의 광기는, '천황 숭배, 서양 모방, 아시아 멸시'로 군국주의를 세워 아시아를 침략한 명치국가의 본질에서 유래된다. 중국을 침략하고도, 그 책임을 중국에 뒤집어씌우는 강도의 논리가 '폭지응징'이다.

그런데 최근 일본에서 '폭한응징'이라는 말이 자주 뜬다. 2015년 '12·28 한·일 외상 발표'에 의한 '화해·치유재단'의 해체, 소녀상 건립, 자위대 레이더 조준, 징용공 배상의 대법 판결을 가지고 한국에 국제법을 어겼다고 뒤집어씌워 응징하겠다는 것이다. 근본을 따지자면 일제가 양성한 박정희와 체결한 한일기본조약도, 그 딸 박근혜와 뒷거래를 한 '12·28 한·일 발표'도 민의를 억압하거나 속이고 일본 측의 요구에 영합한 결과이므로 도의적 절차적 정당성이 없다. 아베의 한국에 대한 경제제재 통보는 일제의 안하무인의 강도 본색을 그대로 드러낸 것이다.

이러한 능멸은 문재인 정부 발족 당시부터 '친북좌익' 정권이라고 적대시하고, '문 대통령 탄핵'을 제재 철회의 조건으로 거는 몰상식에 이르고 있다. 국민주권, 민주화, 남북 화해와 평화를 내걸고 박근혜를 타도한 촛불민심으로 태어난 문재인 정부에 대한 아베의 증오는 광명을 두려워하는 저승사자처럼 악마적이다.

제2차 세계대전 후 일본 군국주의 해체를 맡은 미군이 냉전이 시작하자 A급 전범 석방, 자위대 창설, 군수산업 부활, '레드 퍼지', 헌법 9조 무력화 등으로 방향을 틀고 과거청산이 유실되는 가운데 일제 침략의 피해자인 조선, 중국, 오키나와 등에 대한 차별과 혐오의 뿌리가 남았다.

일본은 군사·외교 주권을 미국에게 빼앗기고, 대신 미군의 핵우산과 미·일 안보조약에 의한 주일미군의 무력에 보호받는 '평화국가'가 되었다. 당시 일본인들에게도 전쟁에서 겪은 고통의 기억과 반성이 남아있었으며,

'전범국가'에 대한 주위의 눈총도 있어서 일본열도에 갇힌 '단일민족국가'의 허상에 안주하고, 대외 파병의 야욕을 드러내지 못했다. 1990년대 냉전과 버블이 붕괴되어 '잃어버린 30년'이 시작되면서 경제대국으로서의 자신 상실과 신자유주의의 압도 속에서 젊은이들 사이에 번진 '빈곤과 격차'로 증오범죄와 이웃나라들에 대한 적대감을 부추기는 우경화가 진행되었다.

먼저 납치 문제로 북한에 대한 거국적인 증오 캠페인이 시작되고, 중국의 대국화에 대한 질투와 공포로 이어지고, 일본군 합법화로 일제의 영광을 되찾고자 하는 아베정권이 등장했다. 균형이 없는 군소정당이 의석을 얻지 못하는 소선거제도 덕에 인구의 20~30%에 불과한 지지자 수에 걸맞지 않은 3분의 2 가까운 의석수를 차지한 아베의 10년 집권으로 일본 국민의 평화의식도 희박해지고, 이기주의적이고 자고자대의 일본 민족주의가 고개를 쳐들었다.

이번 아베의 제재조치는 군국주의 청산을 못한 일본과 전쟁 후 해방된 동아시아 나라들 사이의 미완의 과거청산을 둘러싼 역사충돌이라고 할 수 있다. 일본의 식민지 지배와 전쟁범죄의 청산이라는 원칙을 견지하면 승패는 스스로 분명하다. 절대 감정적으로 대처할 필요 없이 냉정하게 객관적 사실을 가지고 설득해야 한다. 역사의 정의와 필연성은 우리 편이니 인내심을 가지고 일심단결하면 우리는 이긴다. 일본은 일찍이 멸망의 길을 걸었던 역사적 교훈을 되새겨야 할 것이다.

일본의 능멸에도 무자각적으로 일본에 빠져든 기왕의 풍조를 자숙하는 것은 당연하나, 거짓과 조작으로 일본 국민의 불신을 받고 있는 아베와 일본 국민을 일체화시켜 볼 필요는 없으니 일본 상품 불매운동이나 관광 보이콧은 바람직하지 못하다. 오히려 청년학생 외교사절단을 모집해서 양심적인 일본인들과 대담하게 교류하고 소통하며 한류 문화행사도 기획하고, 일본 사람에게 역사의 진실과 아시아 평화의 길을 설득해야 한다.

문제는 우리 자신이다. 해방 후 친일파가 득세해온 한국에서 국민주권을 무시하는 도전과 능멸을 당해도 그 책임을 문 대통령에게 돌리려는 매국적인 세력들이 있다. 이번 기회에 국민들 사이에 일본과 친일파에 대한 정확한 인식을 공유하고, 촛불정신을 한 단계 끌어올려야 한다. 지난 남·북·미 회담에서 우리에게 얼마나 외교·안보주권이 결여되어 있는가 알게 되었으며, 이번에는 경제주권의 부재가 드러났다. 이번 사태를 국민주권, 국가주권, 경제주권을 제대로 세우고 민족주권을 확립할 절호의 기회로 삼아야 한다.

_ 2019. 7. 21

제2부
한반도, 그리고 동아시아의 평화와 인권

동아시아에서 인간의 해방, 민족의 해방

●
●
●

1. 나의 시대

미군이 오키나와에 상륙하고 일제가 패망의 벼랑에 몰린 1945년 4월 3일, 나는 재일조선인 2세로 일본 교토의 북쪽 산골에서 태어났다. 일본사회의 차별과 배외주의 속에서 나의 반항심과 민족의식이 형성되었다.

나의 학생시절은 반(反)파시즘전쟁에서 승리한 소련이 사회주의국가로서 권위와 활력을 지니고 있었으며, 문화혁명을 제창한 중국은 현실비판적인 세계 젊은이들의 희망이 되었던 시대였다. 전쟁 전 군국주의에 의해 가장 혹독한 탄압을 받은 일본의 운동가와 지식인들 사이에서는 파시즘의 패배로 인해 정의가 입증된 마르크스·레닌주의, 즉 공산주의·사회주의 사

＊이 글은 2018년 11월 17일, 화동사범대학 미디어(传播)학원 아시아 마르크스주의 전파연구소 출범기념 심포지엄 기조강연 '동아시아 민족해방투쟁 속에서 살며'를 보완 수정한 것이다.

상의 전성기가 시작되었다.

　한반도는 해방과 함께 분단이 시작되었다. 한국전쟁에서 심각한 타격을 입고도 살아남은 조선민주주의인민공화국은 항일·반미라는 '민족자주'의 원칙을 견지했다. 대한민국에는 '반공'을 최우선으로 내세우는 정부가 수립되었다. 남과 북을 나눈 38선은 이념대결의 최전선이었다.

　내가 중학교 3학년 때, 교토 시내 곳곳에서 '미일안보조약' 반대시위가 벌어졌다. 일본 전체가 안보조약 반대투쟁의 파도 속에 휩쓸려 들어갔다. 세계적으로도 학생운동이 한창인 시대였으며, 일본도 마찬가지였다. 반전, 반군, 평화, 저항, 사회과학적 사고, 마르크스주의가 빛나는 시대였다.

　고등학교에 들어간 나는 일본에서 차별에 맞서고 존엄 있는 인간으로서 나의 정체성을 분명히 하기 위해 '조선인고등학생모임'을 시작했다. 학교에서는 일본 학생들의 조선에 대한 인식을 바로잡기 위해 '조선문화연구회'를 만들었다. 그 당시 나는 민족분단과 미군의 주둔, 박정희 군사독재 지배 아래 있는 한국의 현실과, 세계적으로 확산되는 피억압민족의 독립운동과 민족해방투쟁, 월남전쟁에 반대하는 반미·반전운동, 그리고 불의한 현실에 저항하는 학생운동의 영향을 크게 받았다.

　나는 더 높은 정신세계를 향해서 제대로 이해하지 못하는 사회과학서적과 역사서적을 탐독하곤 했다. <공산당선언>, <공상에서 과학으로>, <제국주의론>, <일보전진 이보후퇴>, <국가와 혁명>, <모순론>, <실천론> 등을 읽었지만, 역시 읽기 쉬웠던 것은 중국에서 나온 책이었다. 소련과학

아카데미에서 출판된 <유물변증법>, <사적유물론>이나 아이스치(艾思奇)의 <유물변증법과 사적유물론>, 류샤오치(劉少奇)의 <청년의 수양 10장>, <무엇을 할 것인가>와 같은 일어판 계몽적 서적에 의해 나의 초보적인 사상이 형성되었다고 할 수 있다. 동시에 <조선현대혁명운동사>나 <조선근대민족해방운동사> 등의 조선혁명에 관한 책도 읽었다.

나는 어릴 때부터 재일조선인의 생활문화와 이질적인 일본사회에 대해 반감을 느낀 반면, 동아시아 문화의 근원인 중국의 역사와 문학에 대해서는 아련한 그리움이 늘 마음 깊은 곳에 자리하고 있었다.

초등학교 시절 고단샤(講談社)의 세계명작전집에서 나온 엘리자베스 루이즈(Elizabeth F. Lewis)의 <양쯔강 소년(Young Fu of the Upper Yangtze)>이라는 책을 보았다. 충칭의 구리 세공장이 공방에서 도제생활을 하는 소년의 성장 스토리인데, 안개와 물지게꾼이 흘리는 물로 미끌미끌하고 찜통 같은 충칭의 골목에서 일하는 서민들의 일상에 대한 묘사에 빨려들기도 했다. 펄 벅(Pearl S. Buck)의 <대지(The Good Earth)> 3부작은 중학교에 들어가서 읽었다. 이 두 작품은 모두 중국에 사는 서양인들의 눈으로 중국을 그린 것이다. 그래서 오리엔탈리즘적인 편견도 있겠으나, 외부 사람의 눈으로 '중국적' 중국의 풍토와 생활 특징을 섬세하게 묘사하고 있는 듯했다.

중학교 1학년 여름방학에는 매일 도서관에 가서 요시카와 에이지의 <삼국지> 10권을 탐독했다. <삼국지> 독자들이 대부분 그러하듯이 나도

10번은 읽었을 거다. 고등학교에 들어가서 에드가 스노우(Edgar Snow)의 <중국의 붉은 별(Red Star Over China)>을 읽으며 중국혁명의 생생한 모습을 접했다. 엄청난 충격을 받고 중국혁명에 관한 책을 섭렵했다. 당시 일본의 대학에서는 안보투쟁의 열기가 아직 식지 않았고, 문화대혁명의 영향으로 '조반유리(造反有理)', '자기부정'을 외치는 학생들의 '학원투쟁'이 한창이었다.

나는 1964년 처음으로 한국을 찾았다. 할아버지 고향인 충남 청양을 찾아갔고, 논산에 사시는 외할아버지도 만났다. 서울에서는 시내 각처에서 '매국적인 한일회담' 반대시위가 벌어졌고, 학생들을 진압하는 기동경찰의 최루탄 연기가 매캐했다.

나의 대학생활도 한일기본조약 반대투쟁으로 시작했다. 내가 가입한 '재일한국학생동맹'은 모국의 학생운동에 호응하여 한일기본조약 반대, 군사정권 반대 운동에 매진했다. 나는 시위를 계획하여 학생들을 조직하고, 시위를 위한 선언문, 전단, 포스터, 신문 만들기 등에 모든 시간을 투입하였기에 공부할 시간이 있을 수가 없었다. 오다가다 전철에 앉아 잠시 읽어본 책들이 오히려 기억에 남아있다. 이런 생활을 하면서도 대학을 무사히 졸업할 수 있었던 것은 일본의 대학 전체가 휴학, 휴강, 대학 폐쇄 등으로 제대로 공부하는 학생이 별로 없었던 탓이었을 거다.

동아시아에서는 베트남의 북위 17도선과 한반도의 38선, 그리고 타이완해협이 모순의 집결점이자 열전으로 이어갈 수 있는 냉전의 최전선이었다. 베트남에서는 이미 치열한 전투가 전개되고 있었다. 한국은 미국 다음으로 많은 군대를 베트남전쟁에 파병했다. 베트남에서의 미군의 공격을 분산시키기 위한 방법으로 한반도에서의 제2전선의 구축이 제기되었고, 그로 인해 한반도는 그 어느 때보다 전쟁위기가 고조되어 있었다. 세계는 온통 베트남전쟁에 대한 비판과 혁명의 열기로 넘쳐났다.

그 와중에 나는 일본에서 차별 받는 재일동포의 처지를 해결하려면 반미·자주, 민족해방, 반독재투쟁을 통한 민족통일을 이루어야 한다고 생각하게 되었다. 조선인으로서 제 구실을 해야 한다는 자각과 자격을 갖추기 위해 무엇보다도 먼저 우리말의 습득과 우리 역사, 정치, 경제를 배우고 싶었다. 그래서 1968년 대학을 졸업하자 한국 유학의 길에 올랐다.

서울대학교 어학연구소에서 1년 동안 우리말을 배우고, 이어 대학원 사회학과에서 공부를 시작했다. 학교에서 공부와 교우관계를 통해 나는 참으로 많은 것을 배웠으며, 사회 구석구석 민중들의 모습도 보았다. 일본에서 알게 된 <고대문화>의 편집장 김홍식 씨의 소개로 서울에서 하숙한 곳은 고 김상현 전 국회의원의 집이었다. 그는 대통령선거에서 박정희의 가장 유력한 대항후보였던 김대중 후보의 선거참모였기에 독재정권의 가장 중요한 공격목표이기도 했다. 그 집에 하숙한 나는 자연히 박정희정권의 가장 좋은 먹잇감이 된 것이다.

1971년 3월 6일, 군정보기관인 보안사령부에 체포되어 19년의 옥중생활을 하게 되었다(<옥중19년>, 진실의 힘 출판사, 2018 참조). 한국의 정치범감옥은 한국의 정치적 모순의 집결점이었다. 19년이라는 긴 세월을 옥살이에 빼앗겼지만, 내가 얻은 것도 많았다. 우선 독재정권의 감옥에는 반미·자주·통일운동, 반군사독재운동, 정권비판 등으로 사회의 각계각층이 투옥되어 있는 곳이어서, 옥중에서 한국 민주화의 진전과 더불어 나중에 대통령이 된 김대중 선생을 비롯해 국회의원이나 각 분야의 지도자로 활약한 분들과 인연을 맺을 수 있었다. 그 분들은 '옥중동지'로서 내가 한국에서 사회생활을 할 때 단단한 기반이 되어주었다.

다음으로 과거에 지하당 당원이나, 북에서 파견되어온 공작원, 빨치산 투쟁을 하던 사람 등 정통 혁명운동의 활동가들과 함께 생활하면서 생생한 조선혁명사의 한 면을 배울 수 있었다. 그리고 반공법 위반자나, 학생운동으로 들어온 시국사범들을 만나 한국사회의 모순을 낱낱이 알 수 있었다. 감옥을 통해서 권력, 인권, 폭력장치로서의 국가 등에 대한 인식을 갖게 되었다. 옥중생활은 나에게서 귀중한 청춘의 시간을 앗아갔지만, 나를 조국의 역사적 맥락 속에 확실히 자리매김해 주었다.

2. 타이완의 옥중 동지

나는 19년의 옥중생활을 마치고 1990년 2월 28일 풀려났다. 세상은 엄청나게 변화했다. 1989년 소련의 붕괴는 세계의 정치지형과 사상의 흐름을 바꿔버렸다. 자본주의가 세계를 지배하고, 사회주의 사상과 운동은 큰 타격을 받고 쇠퇴했으며, 마르크스주의 역사관을 전면으로 부정하는 '역사의 종언'이 선언되었다. 세계는 평화로 향하는 것이 아니라 미국의 일국패권주의, 미국의 가치와 자본주의 질서를 받아들이지 않는 자들에 대한 무자비한 파괴를 의미하는 '테러와의 전쟁', 네오콘(신보수주의), '신자유주의'라는 이름의 파시즘 바람이 거세게 불기 시작했다.

출소하자마자 나는 넓은 세계로 튀어나갔다. 일본에서 1년을 지낸 다음 미국 캘리포니아 대학 버클리로 옮겨 2년 반 동안 생활했다. 미국을 근거지로 하면서 일본과 미국, 유럽, 남미 등에서 나의 옥중생활 경험과, 옥중에 30~40년간 갇혀있는 한국 비전향장기수들의 석방과 고문 반대를 호소했다. 1960~1970년대 베트남 반전운동과 히피문화의 본거지였던 버클리에서는 종교인, 지역의 코리언을 중심으로 하는 통일운동을 만날 수 있었다. 버클리를 기점으로 미주, 유럽, 남미에 이르는 폭넓은 지역을 돌아다니며 강연여행을 계속했다.

그 과정에서 나의 관심은 인권에서 평화로, 동아시아 근현대사에서의 제국주의 문제로 옮겨갔다. 미국이나 유럽에서 경험한 인권운동은 많은 경우 일상의 차별 문제에는 민감했다. 그러나 역사적인 제국주의 침략범죄, 즉 노예제와 식민지주의 및 그 결과물인 반공독재권력에 대해서는 오히려 관용적이었다. 보편성이라는 이름으로 가해자와 피해자를 같은 잣대로 재는 잘못을 범하고 있기 때문이었다. 미국이나 유럽의 고문희생자센터(Center for Torture Victim)와 같은 인권단체는 전쟁이나 고문의 희생자들의 구제나 지원에 치중하여, 그 발생원인인 제국주의의 국가폭력 문제를 직시하려 하지 않는 듯 느껴졌다. 말하자면 '사후약방문' 격이라 생각했다. 서구적인 인권론은 역사적 성찰과 국가폭력의 본질에 다가가지 않고 피상적이고 양비론적이었다. '언론, 정치의 자유가 없으니, 인권이 없다'는 식으로 오히려 피압박민족의 주권·자주를 제한하고 해방운동을 방해하려는 의도마저 숨기지 않았다. 나는 좀 더 본질적인 문제로 들어가보고 싶었다.

내 발길은 자연스레 오키나와, 제주, 중국의 연변 등 동아시아 국가폭력의 현장을 돌아보는 여정으로 이어졌다. 우리나라와 타이완, 오키나와 등 동아시아의 '정치수난자'를 잇는 동시대성과 역사성을 밝혀내고, 그 억압의 정체를 폭로하고 제거하는 것이 어느덧 나의 과제가 되었다. '동아시아'란 무엇인가, 식민지, 냉전, 분단체제에 지배당해온 동아시아 민중은 누구인가를 탐구하고, 그 시대를 관통하는 전쟁과 침략, 식민지 지배와 국가테러리즘으로 점철된 '미국과 일본 중심의 지역지배질서'를 '민중 중심의 지역 질서'로 전환하고, 동아시아의 항구적인 평화를 가져오는 실마리를 찾고 싶었다.

내가 린수양(林書揚) 선생과 처음 만난 것은 1990년의 7월, 교토 시내의 다방이었다. 오오사카(大阪)대학의 수기하라(杉原達) 교수가 주선한 만남이었다. 34년의 옥중생활을 하고 '타이완의 넬슨 만델라'라 일컬어지는 린 선생은 온화하고 기품이 있었다. 타이완 타이난(臺南)현 대지주의 아들로 태어났으나 집안은 일제 말기에 가세가 기울었다. 그는 일찍이 진보사상에 공명하여 광복 이후에는 신민주주의와 신중국의 탄생에 희망을 걸고 타이완이 중국으로 복귀하자고 주장하는 '환중후이(還中會)' 활동을 했다. 그런데 겨우 고등학교 재학 중이던 1950년 중국공산당 타이완공작위원회 지하당 사건인 '마더우(麻豆)사건'으로 투옥되고 말았다. 그 뒤로 34년의 옥중생활을 겪었다. 린 선생은 타이완의 출소 정치범들과 정치범 가족을 규합하여 1987년 '타이완지구 정치수난인호조회(이하 '호조회')'를 만들었다. 그는 양안통일과 사회주의를 주장하며 타이완에서 오랜 정치투쟁을 하다가 2012년 베이징의 병원에서 생애를 마감했다.

린수양 선생은 일본 잡지 <세카이(世界)>를 통해 우리 형제에 대한 강한 관심을 갖게 되었고, 이미 나를 잘 알고 있었다. 일제 감옥의 유제가 짙게 남아있는 한국의 감옥에서 생활하는 동안 나는 똑같은 일제의 식민지배를 받은 타이완에도 우리와 같은 정치범들이 있었을 것이라고 생각했다. 일제통치 후에 냉전과 분단, 반공군사정권의 지배를 받은 역사는 한국과 타이완이 쌍둥이처럼 닮아있었다.

일제 50년 식민통치를 받은 타이완의 고참 정치범들은 유창한 일본말을 구사했으며, 지식의 창구도 일본 미디어를 통하는 경우가 많았다. 한국이나 동남아의 일부 정치범의 경우도 이와 같고, 일본어를 통해서 그들 사이에 동아시아의 인식의 공감대가 형성된 것은 주목할 점이다. 사실 타이완노동당의 중심 멤버들과 일어를 통한 커뮤니케이션이 없었더라면 나는 그분들과 그렇게 농밀한 인간관계를 형성할 수 없었을 것이다.

미국에서 돌아온 후인 1995년, 나는 '호조회'로부터 타이베이에서의 강연 요청을 받았다. 린 선생의 강연이 끝나고 천밍중(陳明忠) 선생의 안내로 타이베이의 신뎬(新店) 군인감옥을 시작으로 타이위앤(泰源) 감옥, 뤼따오 신생훈도소(綠島新生訓導所), 우서(霧社), 수이리(水里), 아리산(阿里山) 라우라야(樂野) 부락 등 타이완 정치범들과 인연이 닿는 감옥, 수용소, 투쟁 근거지, 탄압의 현장 등 중요한 지점을 찾아 타이완을 누볐다. 린수양 선생과 '정치범 집단수용소'였던 뤼따오(綠島)를 갈 때, 둘이서 한국과 타이완의 정치범 감옥에 대해 8시간에 걸쳐 이야기를 나눴던 기억이 선하다. 린 선생은 군대식으로 관리되는 이 수용소에서 무려 24년 동안 수용되어 있었다. 타이완에는 정치범 사상전향제도가 없었다는 점이 퍽 인상 깊었다. 타이완에서는 장제스가 '사상전향공작'을 하더라도 사람의 사상이 쉽게 바뀌는 것이 아니라고 생각했기 때문이다.

지금 돌이켜 생각하면, 타이완 혁명운동의 거목들인 그분들이 총력을 다해 타이완 현대 정치투쟁사의 현장으로 나를 안내, 환영, 접대해준 것이었다. 나는 비로소 타이완에서 혁명운동을 하다 붙잡힌 난우(難友=정치범 동지)들을 만난 것이다. 지금도 타이완노동당의 사무실에는 마르크스, 엥겔스와 마오쩌둥(毛澤東)의 초상화가 걸려있듯이, 그들은 가장 순수한 노농혁명사상을 견지하고자 한 분들이다.

타이완은 일제 50년에 이르는 오랜 식민지 지배에 이어 미제를 등에 업은 장제스(蔣介石)의 지배를 받았다. 민족타이완민중들의 정체성이 찢기고 무참하게 비뚤어졌다. 배금주의적 천민자본주의를 바탕으로 자학적인 친일·친미의 노예성을 가지게 되었다. 노(老)혁명가들은 헌신적으로 분투했지만, 타이완에서 정치적으로 성공할 수 없었다. 그에 더하여 해방 후 혼란과 시행착오를 거듭하고, 결국 자본주의 시장경제와 국가주의에 의해 회수되어버린 듯한 중국의 현실이 순수한 노농혁명을 내거는 노동당에 정치·사상적 어려움을 더하게 했을 것이다. 그럼에도 불구하고 타이완에서 초지일관 흔들리지 않는 공산주의를 지향하는 그들의 입장은 고독하게 홀로 빛나며 변하지 않는 북극성과 같은 존재라고 할까. 그들은 주변의 별들이 얼마나 변했나를 들여다볼 수 있는 정점(定点) 관측소 구실을 해왔다.

린수양 선생이 이끈 '호조회'의 가장 큰 사업은 장제스정권 아래서 발생한 백색테러의 진상규명과 정의회복, 즉 과거청산이었다. 1993년 타이베이의 류장리(六張犁) 공동묘지의 대나무 덤불에서 쉬칭란(徐慶蘭)의 묘가 발견되었다. 1950년대 백색테러로 경찰에 붙잡힌 그는 결국 마장팅(馬場町)에서 처형되어 암매장되었다. 이어서 100여 구의 유골이 발견되면서 장제스정권의 백색공포(白色恐怖)의 실태가 드러나기 시작했다. 호조회는 이것을 계기로 과거청산운동에 집중하여 국내외의 여론을 고조시켜 나갔다. 그리고 1997년 타이베이에서 나와 함께 조직한 '동아시아 냉전과 국가테러리즘' 국제심포지엄을 개최했다. 이때가 바로 한국, 오키나와를 포함하여 동아시아 냉전시기의 국가폭력 문제가 본격적으로 제기된 때다. 아울러 동아시아 국제연대가 구체화되었다.

동아시아는 그저 세계지도에 그려진 지리적 구분만은 아니다. 근대 이후 500년간 구미 열강의 침략과 지배의 발자취를 따라 아프리카가, 라틴아메리카가, 아시아가 만들어졌다. 아시아 또는 동아시아라는 정치·역사적 개념은 아편전쟁을 계기로 이 지역을 석권한 제국주의의 침략과 지배에 의해 만들어진 피와 눈물로 얼룩진 정치·지리개념이다. 우리나라의 분단이 상징하고 있듯이 오늘날까지도 그 무서운 국가폭력의 상흔은 씻기지 않고 있다.

1945년 일본의 패전에 이어 일본 군국주의의 해체, 식민지지배 청산(탈식민지)의 과제는 냉전의 시작으로 중단되었다. 동아시아 각 지역의 지배질서는 미국 지배하에 재편되었다. 일본은 미국의 동아시아전략의 충실한 추종자로 재생하였고, 구 식민지지배의 협력자(친일파)들은 미국의 막강한 무력을 후광으로 구 '대동아공영권'의 대부분 지역에서 되살아났다. 결국 동아시아 민중은 진정한 해방을 맞이하지 못했다.

냉전은 동아시아의 탈식민지화 과정을 동결시켰다. 동아시아 민중의 최대 염원이었던 민족해방의 과제도 좌절되었다. 미국의 군사전략상의 이익추구 관점에서 일본 군국주의의 해체가 중단되어 일본 군국주의의 주요 인적자원은 미국의 조력자로서 온전히 부활했다. 폭발적인 동아시아 민족해방운동은 억압당했다. 그 결과 한국, 타이완, 동남아시아에서 격렬한 갈등이 분출되었고, 민간인 대량학살사건이 벌어졌다.

냉전의 최전선이 된 동아시아에서는 분단의 벽이 한반도, 타이완해협, 베트남을 가로질렀다. 군부독재의 계엄령에 의한 통치가 이루어지고, 극단적인 국가폭력이 난무했다. 한국에서는 한국전쟁으로 인해 반세기 동안 군사독재정권이 정당화되었다. 타이완에서는 내전을 시작으로 37년 동안 장제스정권의 계엄령 통치가 이어졌다. 베트남은 30년간 전란을 경험했다.

한국은 미군의 지배와 반공·분단·국가보안법 체제가 시작되었는데, 그 과정에서 제주4·3사건을 비롯, 5·18광주학살에 이르기까지 국가폭력에 의해 빈번이 수많은 민간인이 학살되었다. 타이완에서는 1947년의 '2·28사건'에서부터 '50년대 백색테러'까지 학살사건에서 수만 명의 민중이 살해되었다. 이들 희생자는 '폭도', '반란분자', '통비분자', '빨갱이' 등으로 불리며 반역자, 범죄자로서 오랫동안 세간에서 버림받은 존재였다.

1980년대 타이완과 한국의 민주화운동 과정에서 드디어 국가폭력에 의한 '중대한 인권침해' 청산과제가 반독재정권의 중심적 과제로 등장했다. 1989년 냉전이 붕괴되면서 추동력이 생겼고, 국가폭력에 의한 대량학살사건의 명예회복과 배상운동이 적극적으로 전개되었다. 한국에서는 1996년 '거창사건 등 관련자 명예회복에 관한 특별조치법'을 시작으로 '5·18민주화운동(광주항쟁) 등에 관한 특별법', '제주4·3 특별법'에 이어 '민주화운동 관련자 명예회복 및 보상법', '의문사 진상규명에 관한 특별법'도 성립되었다. 그리고 과거사 통합법으로 '진실화해를 위한 과거사정리위원회'가 설립되기에 이르렀다. 한편 타이완에서는 1995년에 2·28사건에 대한 보상법이 제정되었고, 1998년에 '계엄시기 반란 및 비첩 부당심판 보상조례'가 국회를 통과했다.

이들은 동아시아 각국에서 과거청산의 진행, 즉 '이행기의 정의(transitional justice)'의 실현인데, 문제는 동아시아에서 가장 중요한 일본의 과거사청산이 아직까지 이루어지지 않고 있다는 것이다. 역사인식, 교과서문제, 일본군위안부, 조선인·타이완인의 야스쿠니 강제합사(合祀), 강제연행, 관동대지진에서의 조선인 학살 등의 문제는 모두 여기에서 기인한다. 관건은 미·일 중심의 동아시아 지역질서를 벗어나 민중 중심의 지역질서의 실현을 이루는 그때서야 동아시아의 역사청산은 비로소 마무리될 것이다.

3. 항일전쟁 승리 70주년

2015년 9월 3일, 나는 텐안먼(天安門) 광장에서 열린 '중국인민 항일전쟁 승리 및 세계 반파시스트전쟁 승리 70주년' 기념행사를 중국경제무역대학 기숙사에서 TV를 통해 지켜보았다. 다음날 루거우챠오(盧溝橋)에 있는 중국인민항일전쟁기념관에 갔다. 거기서는 특별전 '위대한 승리, 역사적 공헌'이 열리고 있었다. 전시의 취지로 1945년 항일전쟁의 승리를 다음과 같이 정리하고 있었는데 퍽 인상적이었다.

① 근대 이후 외세의 침략에 반대하여 처음으로 거둔, 완전히 승리한 민족해방전쟁이었다.
② 중대한 위기에 빠진 중화민족이 위대한 부흥으로 이어가는 역사적

전환점이었다.

③ 중국 인민 항일전쟁은 세계적 반파시즘전쟁의 중요한 구성 부분(동방 주 전장)이다.

④ 전 세계 인민의 앞에 약자가 강자에게 승리하는 훌륭한 모델을 만들어냈다.

⑤ 세계평화의 위대한 사업을 차지하게 되었다.

이 전시는 시진핑의 9월 3일의 '항일전쟁 승리 70주년' 기념연설의 취지를 따른 것으로 매우 중요한 항목들이다. 우선 아편전쟁의 치욕과 그 이후 100년에 이르는 제국주의 침략을 물리친 것이 항일전쟁 승리의 큰 의미이고, 연속되는 제국주의 침략과 투쟁에서 '처음' 얻어낸 승리라는 것이다. 다음으로 그것이 오늘날 대국이 된 중국의 기틀을 잡았으며, 그 전쟁은 반파시즘 전쟁으로 정의의 편에 서는 전쟁이며, 그 승자는 세계사에서 승자라는 것이다.

반파시즘전쟁에서 연합국(United Nations)이 승리한 후에 연합국 중심의 세계질서를 구축하기 위해 국제연합(United Nations)이 조직되었다. 목적은 '평화'의 유지, 즉 파시스트의 부활을 감시하여, 부활의 기미가 있을 때 바로 집단적 안전보장이라는 명목으로 집단적·압도적 폭력을 분쇄하는, 뿌리 뽑는 체제를 만든 것이다. 중국은 반파시즘전쟁에서 연합국의 중요 성원이었고, 일제와 싸우는 동아시아 전선의 주 전장이었다는 말이다.

따라서 유엔 창립자의 하나가 되어 유엔 안보리 상임이사국의 자리를 차지했던 것이다. 그래서 국제적 위치에서 전쟁범죄국가인 일본과는 천양지차가 있다는 주장이다.

그렇다면 중국은 왜 이 시기에 항일과 반파시스트를 들고 나왔는가. 중국공산당은 국공내전(해방전쟁)에서 이겨 중국을 해방시키고, 대륙에서 권력을 확립했다. 하지만 미국은 중국 전 국토의 0.3%밖에 점유하지 못하는 타이완의 장제스 반공·친미정권을 정통정부로 인정하는 억지를 부리고, 중화인민공화국은 1970년대에 이르기까지 국제적인 인증을 받지 못했다. 국내적으로도 중국은 국공내전과 6·25전쟁, 대약진, 문화대혁명의 역경과 혼란을 겪었으며, 그 이후에도 민생문제에 골몰할 수밖에 없었다. 지금도 국민의 통합과 통합의 방법(민주주의와 법치)이라는 정치적 불씨를 안고 있으며, 경제면에서도 불안을 안고 있다.

그러나 중국은 이제 물질적으로 몰라보게 발전하였으며, 세계적으로도 명실공히 대국으로 인식되어 국내외에 중국의 역사적인 위치를 과시할 수 있게 되었다. 그런 의미에서 두 세기에 가까운 반제국주의 민족해방투쟁에서 승리하고, 아편전쟁의 굴욕에서 벗어나게 되었다는 역사적인 승리선언이라 할 수 있다. 게다가 일본의 아베는 대일본제국의 명예회복을 내걸고 나섰기에 반파시즘전쟁에서 일본은 패자이자 범죄자이며, 중국은 승자이자 심판자라는 사실을 상기시키고자 하는 것이다.

사실 이러한 역사 평가와 정의의 실현은 73년 전, 일제가 패망했을 때 이루어졌어야 했다. 하지만 반파시즘전쟁에서 승리한 미국은 전쟁범죄자들을 반공세력으로 포섭함으로써 파시즘의 청산이 아니라 오히려 온존시키고 부활시켰다. 전쟁 종료 후 70년이 지나고서야 비로소 '민중 중심의 동아시아 지역질서의 확립'이라는 구상과 비슷한 말이 중국에 의해 제시되었다. 이는 1994년 '냉전과 국가테러리즘' 국제심포지엄에서의 나의 제안과 유사한 구상이다.

근대 이후 서구제국주의자들은 총칼로 이 지역 민중들의 몸에 '아시아'라는 소인을 찍고, 채찍으로 '유럽 근대'의 규율을 체화시켰다. 동아시아 민중은 자신들의 언어가 아닌 노예의 말로 근대적인 자아를 형성해 왔다. 이 지역의 민중들은 자신들에 대한 서구(일본) 제국주의의 침략과 식민지화라는 범죄에 대항해 인간과 민족의 해방이라는 역사의 정의를 이루어냈다. 한국의 '촛불'행동도 민중이 주권자임을 천명한 것과 같다. 남북정상회담과 북미정상회담의 과정은 바로 민족주권 회복을 위한 과정이다. 나는 '동아시아의 민족해방투쟁 속에서 살며' 지금 그 출구의 광명을 보고 있는지도 모른다.

끝으로 인권

30년전쟁 후 유럽에서는 나라마다 자국의 운명을 스스로 결정하고, 독립적이고 평등하다는 주권국가 체제가 등장했다. 자본주의의 발전과 더불어 전근대적 공동체가 해체되면서 근대적 '개인'이 탄생했다. 막강한 국가폭력을 본질적 속성으로 하는 '국가' 아래 발가벗겨진 '개인'이 '주권자'로 재편되었으며, 국가폭력에 대한 보호장치로서의 '인권'이 발명되었다. 헌법을 통해 국가의 자의적 폭력행사를 제지하고, 주권자인 개인의 자유를 보장한다는 교묘한 장치이다.

인간 '개인'이 지구와 우주의 중심에 위치하여, 자기 자신과 이 사회의 최종 결정권자이며, 헌법 자체가 주권자의 권리의 보호장치라는 의미에서 인권이라고 할 수 있으며, 모든 법에 우월하고, 모든 법을 통제하는 도구다. 그러기에 헌법은 국가의 개인적 자유의 침해를 제지하는 권리의 목록인 인권규정을 일람표로 제시하고, 흉포한 폭력장치인 통치기구를 최대한 쪼개고 제한하려는 것이니, 헌법 자체가 즉 '인권'인 것이다. 자유로운 개인이라는 인간에게 주권이라는 '권리'와 더불어 주권자로서의 '의무'를 부가함으로써 무정부상태를 지양하고 공동체와 끈을 달았다고 할 수 있으며, 실존하지 않는 보편적인 자연법을 들먹이며 '저항권'이라는 폭력을 최종적 수단으로 하여 주권자임을 증명하게 하는 구조를 만들어냈다.

다만, 이러한 자체 완결적인 '인권의 보편성'은 인권개념이 탄생하자마자 배반당하게 된다. 즉, '인권'은 유럽 '문명', 그것도 계급적이고 남성중심적인 특수한 세계에서만 보편성을 가지고 있을 뿐이고, 유럽이 아닌 '야만'의 세계나 백인남성 외의 세계에서는 그 효력을 가지지 못한다. '인권의 보편성'이란 애당초 만들어진 허구에 지나지 않으나, '문명과 야만'이라는 이원적인 구도에 의해 제시된 세계는 계급과 제국주의의 국가폭력에 의해 단절되고 지배받고 있으며, '인권'의 본질은 보편적이지도 존엄하지도 않은 것이다. '문명과 야만'이라는 차별과 지배의 언어에 의해서 노예제와 식민지지배라는 '인도에 대한 범죄(Crime against Humanity)'가 정당화되었을 뿐만 아니라, 유럽 근대가 만든 조약체제 자체가 배태한 '폭력으로서의 국제법'은 제국주의의 세계지배를 위한 '부드러운' 무기로서 종횡무진 그 위력을 발휘하게 되었다.

일상의 폭력이나 차별에 맞서는 '인권'은 유럽이나, 선진국이나, 문명국과 같은 한정된 특수성의 세계의 테두리 안에서 개인에 대한 방호적이고 치유적인 일정한 구실을 해왔다. 그러나 '보편적 인권'이 '문명과 야만'이라는 구조적 폭력 위에 안주하면서 '인권'의 수호자인 양 고상한 양 설교를 한다면 오만한 위선일 뿐만 아니라, '인도에 대한 범죄'의 공범자가 되는 것이다. 언뜻 반패권적이고, 반권력적으로 보이는 평화, 민주, 인권이라는 가치들도 서구에서 태어나 서구의 안경을 쓰고 세계를 노려보고 있으니, 결코 보편적이라고 할 수 없다. 우리의 눈으로 우리의 현실을 구체적으로 직시하며 인권의 근본문제를 되짚어봐야 할 것이다.

나는 일본 제국주의로부터 우리나라가 해방되던 해에 태어났다. 해방과 더불어 우리의 머리 위로 분단이라는 부조리가 마른하늘에 번개처럼 떨어졌다. 그 후 한반도에서 반세기 이상 이어진 냉전과 전쟁의 상흔은 내가 살아온 삶에도 그대로 투영되었다. 나는 부조리와 분단, 냉전의 시대에 갇혀살면서, 통일을 열망했고 인권과 평화의 시대를 꿈꿨다.

올해 남북정상회담과 북미정상회담으로 서서히, 70년 세월 동안 꿈쩍하지 않을 것처럼 보였던 분단의 선이 서서히 옅어져 가고 있다. 통일의 열기가 그 힘을 잃은 요즘, 살아서 이런 광경을 보게 되리라 생각하지 못했다. 그러나 이제 겨우 6·25전쟁 종결의 문턱에 들어선 것이고, 언제든 원래로 되돌아갈 수도 있는 무수한 장애물이 기다리고 있다. 일제의 유산이자 냉전시대의 표상인 국가보안법과 보안관찰법이 남북정상회담이 실현된 지금도 엄존하고 있다.

내가 감옥에서 겪어온 폭력과 광기와 비인간성도 여전히 살아있는 것 같다. 나는 분단과 냉전의 시대를 회고하면서, 그 시대의 유물들이 이제는 기념과 기억의 영역으로 자리를 옮겨도 되지 않을까 생각한다. 한반도가 '전쟁의 땅'에서 '평화의 땅'으로 거듭나기를 꿈꾼다. 통일이란 두 개로 깨진 그릇을 다시 붙이는 것이라기보다 실질적으로 분단의 고통을 하나하나 해소해가는 과정일 것이다. 우리에게 최대의, 그리고 근본적인 인권문제는 바로 민족해방의 과제인 것이다.

한반도 평화시대 시론

1. 문재인 대통령의 평화선언

2017년 한반도 핵미사일 위기의 고조는, 1962년 쿠바 미사일 위기에 비기는 긴박한 상황이었지만, 북한은 일촉즉발 군사긴장의 대전환을 주도면밀하게 준비하고 있었다. 김정은 정무위원장은 11월 29일 ICBM급의 '화성 15호'의 발사에 성공하자, '핵무력의 완성'을 선언하고 이듬해 신년사에서 대화노선으로의 급선회를 표명했다. 남북 화해와 평화가 최우선 국정과제이며, 2017년 7월 베를린선언에서 평창올림픽에 북한을 초청한 문재인 정부는 김 정무위원장의 신년사를 받아서 일사천리로 '평창의 기적'을 탄생시켰다. 미국도 올림픽 휴전에 동의하여 대회(패럴림픽 포함) 기간 한미군사훈련을 연기하는 등 북한의 참가를 용인하는 태도를 보이고, 스스로 대북정책 전환의 기회로 삼았다.

그 후 3차의 남북정상회담과 사상 최초의 북미정상회담이 개최되었고, 남북 정상은 "남북은 완전한 비핵화를 통해 핵 없는 한반도를 실현하자"라는 2018년 4월 판문점선언에 서명했다. 거기서 남북 공동목표로 '핵 없는 한반도의 실현'을 확인하고, '한국전쟁의 종결=평화협정의 체결'을 목표로 항구적인 평화 구축을 향한 3자, 혹은 4자 회담을 적극적으로 추진하여, 군사경계선에서의 적대행위를 중지하고 비무장지대를 실질적인 '평화지대'로 한다고 강조하기도 했다. 이와 함께 문재인 대통령은 "더 이상 전쟁은 없다"고 표명했다. 이 판문점선언의 평화에 관한 조항은 9월 평양선언 및 '군사분야 이행합의서'에서 더욱 구체화되어 실질적인 '한국전쟁의 종전선언'이라고까지 평가되었다.

2. 문재인 대통령의 평화 이니셔티브

해방과 더불어 분단된 한국의 가장 중요한 정치적 어젠다로 통일과 민주화가 거론되어 왔지만, 통일은 대개 반공통일, 멸공통일, 흡수통일 등 대북군사대결론의 동의어로써 평화통일론, 연방통일론 등은 가혹하게 탄압받아 왔다. 물론 박정희 암살 이후, 특히 1980년 광주항쟁을 계기로 민주화가 크게 진전하여 김대중 대통령의 평양 방문과 '6.15 평양공동선언'에까지 이르러서 '한반도 평화시대'의 서막이 열렸지만, 이명박·박근혜 정권의 큰 뒷걸음질에 더하여 북한의 핵·미사일 실험으로 인해 북미대결이 고조되면서 평화의 기운은 흔적도 없이 사라지고 말았다. 그런 상황을 역전시킨 것이 2016년 9월부터 시작된 '촛불행동'이었다.

　박근혜의 국정농단에 대한 분노로 시작한 촛불행동의 중심에는 시민의 '주권자'의식이 있었다. 촛불행동의 주권자의식, 자주의식은 19세기 제국주의의 동아시아 침공 이래 반제민족해방투쟁 속에서 민족주권·민족자주의식으로 배양되어 해방 후 반독재·민주화운동 속에서 반 군사주의, 반 군사문화, 반미·반냉전의식을 발전시켜 왔다. 이에 따라 고조되는 한반도 핵미사일 위기가 평화를 위협하자, 종래의 통일의식과 맞물려서 평화주의적 가치를 제고시켰다고 말할 수 있다. 무엇보다 촛불행동 속에서 탄생한 문재인 정부는 민주화·통일운동 세력이 정치적 기반이었으며, 문대통령 개인도 평화에 대한 강한 신념의 소유자인 바, 남북화해와 평화실현은 정권의 최우선과제가 되었다. 그래서 2018년의 급속한 남북 접근이라는 정치상황을 탄생시켰다고도 말할 수 있다.

3. 한반도 평화 프로세스

　2017년 이래 진행되어온 한반도 안전보장 문제를 둘러싼 남·북·미(+중·러)의 일련의 수뇌회담을 중심으로 하는 절충과정은 '한반도 평화 프로세스'로 총괄될 수 있다. 한반도 평화 프로세스는 북한의 비핵화를 전제로 '군사적 위협의 소멸과 체제 안전보장'을 필요조건으로 한다. 전문가는 평화정착 프로세스를 '종전선언→평화협정 체결→항구적 평화협정체재 구축'으로 진행된다고 본다. 한반도 평화체제는 보다 포괄적인 개념으로 정전협정의 평화협정과의 대체는 물론, 남북교류의 활성화와 북미수교 등 한반도 주변국과의 국교정상화로 항구적 평화가 정착된 상태로 정의될 수 있다. 통일부는 평화체제에 대해서 '남북간의 정치·군사·경제적 신뢰와 관계국과의 적대관계 해소를 기본으로 한반도 전쟁의 위협이 현저하게 소멸되어 남북이 평화리에 공존하는 체제'라고 규정한다.[1]

2018년 남·북·미 정상회담이 표방한 것은 '비핵화, 평화'이었으며, 이러한 순진무구한 말에도 3자3색의 의도(또는 생각)가 담겨있다. 미국의 최우선 순위는 한국전쟁의 종결보다 미국 안전보장에 위해가 될 수 있는 북핵, 미사일의 제거와 한반도에서 압도적인 군사적 우위를 확보하는 것에 있다. 한국은 분단 70년을 통해 숙명과 같이 한국사회를 왜곡시켜온 전쟁위기의 해소와, 군부가 사회의 중추를 좌지우지해온 군사주의의 청산에 있다. 북한은 전쟁과 기아로 국가의 존립과 인민의 생명을 위협하는 제국주의의 위협으로부터의 해방이며, 한국전쟁을 법적·정치적으로 종결시켜 북미평화조약을 체결하고 보통 국가가 누리는 외부와의 교류와 경제적인 번영을 확보하는 것이다. 통일과 군사적 부담의 경감은 남북한의 관심사이기는 하지만 미국에 있어서는 우선과제라고 말하기는 어렵다.

---

1) https://www.yna.co.kr/view/AKR20180423177800014?section

4. 한국전쟁의 종결

일반적으로 전쟁은 승패로 종결되지만, 쌍방에 막대한 손실을 입히고 전투력이 소진하여 전쟁의 지속이 불가능하게 되면서 무승부로 종결하는 경우도 있다. 구교와 신교의 제후들이 30년간 400만 명이라는 막대한 사망자를 내고 유럽 중앙부를 황폐화시킨 '30년전쟁'에서 쌍방이 전력을 소진하여 공멸 직전까지 몰리자 비로소 베스트팔렌회의를 열어 전쟁의 종결에 합의했다. 결국 30년전쟁은 주권국가제도, 근대적 국제관계, 종교적 관용을 탄생시켰다.

한국전쟁의 기원과 성격에 대해서는 다양한 학설이 있고 국제적 국지전으로도 불리고 있으나, 오늘의 시각에서는 '국제화된 내전'이었다고도 말할 수 있을 것이다. 제2차 세계대전의 성격은 반 파시즘 전쟁이라고 하는데, 동아시아에 있어서 중국의 항일전쟁을 필두로 반제민족해방전쟁의 성격이 보다 중요하다고 할 수 있다. 그래서 제2차 세계대전 후에 아시아 각지에서 독립전쟁과 독립 후 수립되는 국가의 헤게모니를 둘러싼 내전이 일어났다. 국공내전과 베트남 민족해방전쟁, 인도·파키스탄 전쟁 등이 그것이다. 그 중에도 국공내전에는 조선인도 대거 참가하여 동북의 요심전투 등에서 내전의 향배를 결정 짓는 데 이바지했다. 한국전쟁은 동아시아에 있어서 민족해방전쟁의 연장선상에 있다고 볼 수 있으나, 한반도에서의 국제적 내전은 쌍방이 전투능력을 소진하여(400만 명 사망 추정) 휴전했다. 또한 한국전쟁을 국제전(세계대전)화시키지 않고 내전으로 한정 짓고 미감하고 싶어하는 미·중·소의 동기가 작동하여 정전에 이르렀다.

당시로서는 남북 쌍방이 한반도에서 헤게모니 장악을 겨냥하면서도 '휴전'으로 우선 봉인한 것이었기에, 기나긴 분단사 중에서는 통일을 명목으로 하여 헤게모니 관철의 충동이 표출될 때도 있었지만 아슬아슬하게 균형이 유지되어 왔다. 오늘날은 통일을 향하는 소망, 대의명분, 구실도 풍화하고 퇴색하고, 65년의 역사를 통해 한반도를 둘러싼 국제관계의 환경은 크게 변했다. 정전협정이 평화협정으로 개정되었다 해도 즉석에서 평화의 시대가 문을 연다고 생각되지는 않는다. 이제는 우리 민족의 대의가 통일보다는 평화로 이행하고 있다고 할 수 있다. 그래서 지금은 평화와 '평화시대'를 보다 심도 깊게 전면적으로 고찰할 필요가 제기되어 있다.

5. 분단시대의 역사인식

'유신시대'의 종말을 고할 듯이 1978년 출판된 강만길의 <분단시대의 역사인식>은 역사학회뿐만 아니라, 한국의 통일운동, 민주화운동, 나아가서 한국사회 전체에 심대한 영향을 끼쳤다. 한국에는 긴 분단의 시대를 겪는 동안 분단이 일상화되기도 했지만, 남북경합 속에서 대한민국의 정통성을 주장한 결과 조선민주주의인민공화국은 법적, 정치적으로 존재하지 않는 것으로 간주되었다. 그 결과 '분단'이라는 현실까지도 사람들의 의식으로부터 의식적으로 혹은 무의식적으로 지워져가고 있었다. 그러한 상황에서 이 책은 강렬하게 사람들의 각성을 촉구했다. 우리 민족통일의 당위성과 필연성을 설명하고, 분단된 대한민국에 안주하는 것에 경종을 울렸다. 이 책이 어느 정도 영향을 미쳤는지 정확하게 알 수는 없으나, 유신체재의 붕괴와 함께 봇물이 터지듯이 통일운동, '북한 바로알기 운동'이 일제히 활발하게 전개된 것은 기억에 새롭다.

강 선생은 책에서 다음과 같이 이야기한다.

> 20세기 후반기의 시대를 일반적으로 '해방 후 시대'로 부르지만, 그것은 이 시기 민족사의 절실한 과제가 담겨져 있지 못한 일견 평범한 역사의식의 소산이라 생각된다. 20세기 전반기 민족사가 식민지통치에서 벗어나는 일을 그 최고의 차원의 목적으로 삼는 시대라면 20세기 후반기, 즉 해방 후의 시대는 민족분단의 역사를 청산하고 통일 민족국가의 수립을 민족사의 일차적 과제로 삼는 시대로 보지 않을 수 없으며, 이와 같은 역사인식을 바탕으로 하는 경우 이 시기는 '분단의 시대', '통일운동시대'로 이름하지 않을 수 없는 것이다.
>
> 〈중략〉
>
> 이와 같은 현상은 20세기 후반기 분단시대에도 있을 수 있음을 생각하지 않을 수 없다. 분단 초기의 들끓었던 민족사적 사명감은 동족상잔(한국전쟁)을 겪으면서 급격히 식어갔고, 이후에는 분단체제 자체에 무관심하거나, 분단체재를 철저한 현실적 조건으로 받아들이고 오히려 그

것에 편승하여 이 불행한 역사를 연장하는 데 이바지하는 경우가 없을 수 없는 것이다.

　20세기 후반기를 '해방 후 시대'로 부르는 데 반대하고 '분단의 시대', '통일운동시대'로 부르는 역사인식은 분단체재를 기정사실화하여 그 속에 안주하는 일을 경계하고, 그것이 청산되어야 할 시대임을 철저하게 인식하면서 청산의 방향을 모색하려는 데에 그 본질적인 목적이 있는 것이다.[2]

　즉, '해방 후의 시대는 민족분단의 역사를 청산하고 통일민족국가의 수립을 민족사의 제1차적 과제로 하는 시대'이며, '분단체재를 기정사실로 하고 그곳에 안주하는 것을 경계하고, 그것이 청산되지 않으면 안 되는 시대'라고 강 선생은 지적하고 있다, 그렇다면 21세기의 전반을 우리들은 어떠한 시대로써 인식하지 않으면 안 되는 것일까.

6. 분단시대로부터 평화의 시대로

　지난 2월 하노이 북미정상회담이 무산되어, 척척 진행되던 한반도 평화 프로세스에 브레이크가 걸렸다. 그보다는 '선 핵 해제인가, 제재 해제(혹은 안전보장)인가'라는 북미간의 본질적인 논점이 새삼 드러났다고 말할 수

---

[2] 강만길 "분단시대의 역사인식" 창비, 2018년12월 p21~22

있다. 적어도 비핵화 과정도, 그것과 연동할 수밖에 없는 남북화해·통일의 과정도 평화적으로 연착륙시키기 위해서는 지극히 복잡하고 어려운 과정을 겪지 않을 수 없다는 것이 분명해졌다. 그렇다면 분단시대부터 통일시대로 이행하는 과정은 장기적으로 단계적·점진적이며, 무엇보다도 평화를 최고의 가치로 삼으면서 실현되고 보장되지 않으면 안 될 것이다. 그러니까 단순한 이행기가 아니라 명백히 '평화의 시대'로 인식하여, 한국 현대사에 있어서 분단시대로부터 통일시대로 나아가는 이행기의 한 시기에 한 획을 긋는 것으로 자리 매김을 할 필요가 있을 것이다.

평화는 신뢰이므로 남북의 소통·교류·협동의 시기를 통해서 상호 신뢰가 쌓이고 평화가 일상화되어 튼튼해져야 할 필요가 있다. 여기서 통일은 천지개벽과 같이 하늘에서 내리거나 솟아나는 것이 아니기 때문에 소통·교류·협동을 심화시켜 나가는 가운데 "구렁이 담 넘어가듯 기척도 없이 나타나서, 어느 날 돌아보니 통일"[3]이었다고 하는 통일도 좋다. 통일은 분단, 즉 단절과 거부, 폐색과 이산의 극복이라고 생각한다면 반드시 '통일'이라는 간판을 걸고 개점하는 일을 서두를 필요는 없다. 그런 의미에서 흘러가는 대로 전진과 후퇴를 반복하면서, 동포들이 손에 손을 잡고 앞으로 나아가면 좋은 것이다. 한반도 평화의 시대와 통일시대의 경계는 정해진 것이 없이 유유히 이어져간다는 생각이 든다.

---

3) 리츠메이칸대학·창비사 공동주최 심포지엄 '동아시아에 발신되고 확산하는 한국문화력의 가능성'(2006년 2월 24~25일) 중 백낙청의 기조보고에서.

7. 각각의 평화

'전쟁과 평화'는 오랜 인류의 역사에 굴절과 상흔을 새겨놓았지만, 평화의 개념이 확립되고 법적으로 전쟁이 금지된 것은 겨우 20세기가 되어서였다. 게다가 각각 평화의 개념이 서로 상반되는 입장에서 언급되어 있다. 그렇다고 해서 요한 갈퉁의 '적극적 평화'와 같이 평화를 저해하는 모든 요인의 제거를 말하는 것은 거의 아무것도 말하지 않는 것과 마찬가지다. 우선 유엔이 그 창립목적으로 내세우는 평화는 명확히 파시즘에 대한 억압을 의미하고 있으며, 압도적인 폭력에 의한 평화의 강제다. 그런 의미에서 유엔체재는 전범국가인 일·독에 대한 연합국의 감시·통제체재라고 말할 수 있다. 그러나 전후 75년간 유엔은 대국(특히 미국)의 이해득실의 도구가 되어 유효 적절하게 각종 분쟁에 대처하고 평화를 유지시켜왔다고 말하기는 어렵다. '미국의 평화(Pax Americana)'는 미국의 패권을 의미하는 폭력에 의한 미국의 세계 제압에 다름이 아니다.

부전·비무장을 규정한 헌법9조를 가지고 평화주의를 표방하는 일본의 평화는 점령통치의 편의를 위해 천황을 이용하려는 미국이 일본 군국주의의 부활을 염려하는 연합국에게 천황의 존속을 설득하기 위해 일본에 강제한 것이다. 물론 이것이 전쟁에 진절머리가 나고 피폐해진 일본 국민의 공감을 불러일으키고 내면화되어서 전후 일본 국민의 사상적·실천적 조류가 되어온 것은 사실이지만, 아시아에 대한 침략과 전쟁의 반성과 평화에 대한 내면적 성찰이 제대로 되어 있지 않은 평화주의는 압력의 주체인 미국의 변용과 상황에 따라 어떠한 모양으로도 변화할 수 있는 것이었다.

일본은 동아시아에 있어서 미국의 전략기지로서 한국전쟁, 베트남전쟁, 중동전쟁 등 사사건건 미국의 전쟁에 직간접적으로 종속되어 왔다. 비무장·부전이라는 이상주의를 표방했던 일본의 평화주의는 현실적으로는 미국의 핵우산과 주일미군이라는 강대한 무력의 외피를 덮고 안락한 잠에 빠져왔던 것이다. 그러나 그것마저도 온존한 군사주권을 갖지 못한 일본은 미국의 환심을 사고 적극적으로 아부하는 식('抱きつき外交 = 달라붙기 외교'라고 한다)으로 미국의 눈치를 보면서 야금야금 군사강국으로 부활하려고 해왔을 뿐만 아니라, 미국도 그것을 최대한 이용하면서 일본을 이용해온 것이다. 그 결과 아베는 헌법 개정을 공언하고 종래의 평화주의와는 닮을래야 닮을 수 없는 무력에 의한 상대의 제압을 의미하는 '적극적 평화주의'를 표방하기에 이르렀다.

우리 헌법은 제5조1항에서 '대한민국은 국제평화의 유지를 위해 노력하고 침략전쟁을 부인한다'고 규정하지만, 실제는 베트남전쟁이나 이라크전쟁에 참전하면서 침략전쟁에 가담해 왔다. 분단국가라는 것을 핑계로 군부독재가 활개를 치고 정치를 좌지우지하면서 헌법은 치부를 가리는 한낱 '무화과 잎새'에 지나지 않았다. 헌법이 헌법의 권위를 갖고 기능하기 시작한 것은 촛불행동 이후라고 말할 수 있다. 그와 동시에 군의 민주화에 대해서도 관심이 높아져서 문재인 대통령은 근무연한의 단축, 급여의 대폭인상, 영내 인권침해나 성폭력에 대해 엄격하게 대처하여 국가정보원과 어깨를 겨루는 국군기무사령부의 개혁으로 재빠른 민주화조치를 취했다. 헌법재판소는 양심적 병역거부의 합헌판결을 내리고, 평화적 생존권이 논의되기도 했다. NGO에 의해서 베트남전쟁에서 저지른 한국군의 민간인 학살·만행에 대한 조사와 진상보고서 작성도 진행되면서 군의 권위는 크게 실추되어 탈 군사주의의 경향이 현저해졌다. 잔학한 한국전쟁을 겪고, 남북의 군사대결 속에서 반세기 이상을 살아온 한국에서 평화에 대한 희구는 매우 절실해졌다.

시진핑 주석은 2015년 9월 3일 항일전쟁승리 70주년 담화에서 이제사 중국의 반 파시스트 전쟁 승리와 항일전쟁 승리를 기념하면서, 일본은 전범국이고 중국은 반 파시즘 전쟁의 승자인 연합국의 중핵에 있다고 강조하고 그 무력의 정당성을 주장했다. 북한은 금년 5월, 1년 반의 정적을 깨고 두 번의 단거리 미사일 발사를 강행했다. 하노이 북미회담에서 미국의 변함없는 '선 비핵화'론에 대한 반발로 관측되고 있다. 김정은 위원장은 "강력한 힘이야말로 진정한 평화와 안전이 담보된다는 철칙을 명심하고, 어떠한 세력의 위협이나 침략으로부터도 국가의 정치적 자주권과 경제적 자립권을 고수하지 않으면 안 된다"고 역설했다. 이와 함께 상대에 대한 불신에 기초한 힘의 정치의 관점을 명확히 했다. 앞으로 중국이나 남북한이 종래의 안전보장론을 뛰어넘어 탈 폭력, 탈 전쟁을 지향하는 평화적 신뢰관계가 뿌리를 내려야만 진정한 동아시아 평화를 전망할 수 있게 될 것이다.

8. 한반도 평화시대를 상상한다

그러면 '한반도 평화시대'란 무엇인가 정리해보자. 우선 "무슨 일이 있어도 전쟁은 안 된다"고 하는 확고한 평화주의의 입장에 서서 한국사회의 평화에 대한 광범한 동의와 가치를 형성할 필요가 있다. 이 평화는 추상적인 평화가 아니라, 근대 이후 우리민족이 겪어온 고난의 역사가 주는 교훈을 담아 반전·반제국주의의 역사적 전통 위에 자리하는 것으로서, 우리 안의 전쟁세력, 침략세력인 친일파에 대한 역사적 청산의 완수가 반드시 필요하다.

다음으로 작년 남북정상회담의 합의사항인 개성·금강산의 재개 등을 둘러싸고 각종 제재의 벽을 넘지 못하고, 오히려 트럼프의 질책에 움츠려들고 한국이 얼마나 주권이 없는 나라인가 하는 것이 명확하게 드러났는데, 촛불행동의 진수는 주권에 있음으로 이제는 광범위한 민중의 동의를 모아 나라의 주권, 민족의 주권을 바로 세우는 일이 역사적인 과업으로 나타났다고 할 수 있다. 그 동안 미국 의존의 제도적·정신적 타성을 떨치고, 주권을 확립하고 북한과 대등한 입지를 확보하지 않으면 안 된다.

미국 중심의 북핵제재 프레임에 대한 지나친 속박에서 벗어나 평화 실현을 위한 적극적인 남북교류와 제재해제를 향한 이니셔티브를 취할 필요가 있다는 목소리도 높다. 한국 외교는 독자 핵미사일 무장을 추진하려던 박정희 유신 시기의 한때를 제외하고는 대미종속으로 일관되어 왔다. 문재인 정부의 대 트럼프 외교는 '찬양외교', 즉 트럼프를 치켜세우면서 그의 한국의 정책에 대한 허용도를 높이려는 것인데, 스스로 결정권을 가지고 있지 않고 트럼프의 미국제일주의와 변덕을 제어하는 수단을 가지지 못한 한계가 있어서 작년 일련의 남북합의를 이행하지 못하고 북한으로부터도 비판을 받고 있다. 한국이 대미 외교의 카드를 가지고 있지 않기에 대미 교섭력이 없으니, 결국 일치단결된 압도적인 여론을 배경으로 한 비 군사적 교섭력을 가질 수밖에 없다. 한국만이 아니라 남북협력으로 대미 교섭력을 기르는 방법을 모색하지 않으면 안 될 것이다.

'한반도 평화시대'에서는 식민지시대, 독재정권시대의 '적폐' 청산이 중요하다. 무엇보다도 뿌리 깊은 반 통일, 반 평화세력은 반공 독재체제에 기생해온 친일파, 태극기부대(극우)이므로 적폐청산을 통해서 국민주권과 국가주권의 실현이 기대된다. 즉, 강권정치에 대해서 비폭력의 대중운동으로 민주화를 요구하고, 식민지화와 냉전시대의 폭력지배를 극복해낸 촛불혁명을 완성시켜나가지 않으면 안 된다.

또한 한반도의 평화시대는 단순히 두 세력 간의 힘의 균형에 의한 (평화)공존을 의미하지 않는다. 대 소통, 대 교류, 대 융합의 시대로 나가지 않으면 안 된다. 남북의 소통, 교류, 협력, 번영, 화해를 가지고 장기적인 신뢰구축과 교류·접촉의 일상화 과정을 거쳐서 단계적인 융합에 도달하기 때문이다.

거기서 38선은 단절과 장애의 벽에서 동아시아의 대 소통, 대 교류, 대 융합의 십자로로 변모시키고, 사람, 정보, 문화가 오가고 새로운 창조가 싹

트는 광장이 되게 해야 한다.

    동아시아의 화해 평화에 있어서 역사청산은 핵심적인 과제지만, 한반도에 있어서도 '남북 진실과 화해위원회'를 설립해서 분단시대에 자행되었던 민간인학살이나 천안함사건 등 남북간의 미제의 현안을 공동조사하여 해결할 필요가 있다. 통일에 다다르기 전까지 연방정부. 연방의회, 남북평화조정위원회, 전민족평화회의와 같은 남북의 합의, 의사결정을 위한 기구의 창설도 필요할 것이다. 한반도 남북분단의 극복뿐만 아니라 동아시아의 현대사가 만들어낸 여러 모순을 해결하는 입구로서의 '한반도 평화시대'를 상상할 필요가 있지 않을까.

_ 2019. 5. 30
리츠메이칸대학 국제심포지엄
"동아시아 안보환경변화와 조선반도의 미래"

전쟁국가로 치닫는 일본,
한반도 평화체제로 억제해야

일본 아베 총리는 2017년 9월 20일, 임기를 1년 2개월 남긴 채 중의원을 해산해서 10월 22일에 총선을 실시했다. 아베 총리는 이번 선거를 직면하고 있는 미증유의 국난을 극복하기 위해 정부에 대한 국민의 신임을 묻기 위한 '국난선거'라고 했다.[1]

그런데 야당의 물론, 전문가도 여론도 아베와 연고가 있는 모리토모(森友)학원, 카케(加計)학원에 대한 특혜 스캔들을 덮으려고 임시국회 모두에 아무런 설명도 심의도 없이 대뜸 해산해버렸다며 거세게 반발했다. 자민당 내부에서도 '대의 없는 선거'라는 비판이 있었지만, 뚜렷한 쟁점도 없고

---

1) 한도 가즈토시, '기로에 선 평화', <아사히신문> 2017. 9. 29, 13면.

갑작스러운 선거로 야기된 야당의 혼란의 틈을 타서 압승을 거두었다. 본질적으로는 가면 갈수록 인기가 떨어진다는 전망 아래 지금 선거하는 것이 정권 재장악을 위해서는 유리하다는 당리당략에서 나온 예산낭비 선거라고 할 수도 있다.

'국난'이라고 했으나, 아베는 우선 북핵·미사일 '도발'로 말미암은 안보위기를 들었으며, 또 하나는 2019년부터 실시 예정인 소비세(부가세)를 7%에서 10%로 인상하는 데에 따르는 세수증가 부분을 원래는 복지비에 쓴다고 했다가 교육비 등으로 용도변경하겠다는 문제라고 했다. 소비세를 어떻게 쓰는가 하는 문제는 정상 국회에서의 심의사항으로 어차피 국민으로부터 뜯어내는 세금을 어떻게 배분하느냐 하는 문제다. 국민의 세부담의 경감을 논하는 것이 아니므로 전형적인 '조삼모사'의 잔꾀에 지나지 않는다.

북핵·미사일 문제는 어제오늘 문제도 아니거니와 진정 그것이 당면 국난이라고 할 수 있을 정도의 안보위기라면 오히려 지금 선거기간 한 달 가까운 국정공백을 만드는 것이 모순이라는 비판도 있었으며, 대북정책에 있어서 온도 차이는 있어도 자민당에서 공산당까지 거의 모든 정당이 대북 강경 압력을 주장하는 가운데 선거에서는 별다른 쟁점으로 떠오르지 않았다. 그래서 선거는 쟁점이 없는 아베정권에 대한 억지 신임선거가 된 셈이어서 투표율도 역대 두 번째로 낮은 53.6%에 머무를 것으로 내다보았다.

이번 선거에서 처음에는 작년 동경도지사에 당선하고 도의회선거에서도 압승을 거둔 코이케(小池) 지사가 아베 비판세력인 민주진보당을 흡수하고 '희망'이라는 신당 창당을 선언하면서, 자민당과 일대일의 구도를 만들고 일거에 아베정권을 무너뜨릴 가능성이 떠올랐다. 그러나 개헌과 안보법제 적극 지지 등 아베보다 더 우익적인 코이케가 흡수대상인 민주진보당 국회의원을 애초에 전원 받아들일 듯이 하다가, 졸지에 그들 중 개헌 및 안보법제에 반대하는 리버럴파를 "배제한다"고 천명했다.

배제당한 의원들이 크게 반발하고, 반(反)아베로 야당의 대동단결이 이루어질 것으로 기대한 국민들을 실망시키면서, 희망의 인기가 크게 하락되었다. 오히려 코이케 동경도지사로부터 '배제'된 민진당 리버럴파가 어쩔 수 없이 창당한 입헌민주당에게 정권비판 표가 모여 희망을 5석이나 능가하는 54석으로 제2당이 됨으로써 예상을 크게 깨뜨렸다.

일본 총선은 여당인 자민당·공명당 연합과 희망·유신의 보수우익 야당, 그리고 희망에서 배제된 입헌민주당과 공산당·사민당의 호헌, 안보법제 반대파의 3파전으로 치러졌지만, 결국 자민당·공명당 연합이 이번 선출될 465석(1인 지역구 289, 비례대표 176) 중에서 3분의 2를 넘는 310여 석을 얻어 아베의 계책대로 계속 집권과 헌법 개정까지 일사천리로 가게 되었다.

이번 선거 후의 일본은 개헌, 군사화 쪽으로 급진전하면서 일본뿐만 아니라 동아시아의 상황을 일거에 전쟁 쪽으로 몰아갈 가능성이 커졌다. 역사가 한도 가즈토시(半藤一利)는 지금 상황을 1937년에 주변의 만류도 듣지 않고 일본 군부가 전쟁으로 폭주한 중일전쟁 무렵의 시대 상황과 비유하면서, "이번 선거는 일본의 진로가 전쟁과 평화의 어느 쪽으로 주축을 두게 되느냐 하는 지극히 중대한 선거"라고 했다.

이 글에서는 평화국가의 탈을 쓴 '전후' 일본의 본질과, 그 탈을 벗고 노골적 전쟁국가가 되려고 하는 일본을 북핵·미사일 문제를 통해서 분석하여 동아시아 평화 위협요인으로 나타난 일본을 억제하는 우리의 역할에 대해서 검토해본다.

1. 일본의 북핵위기 자작자연과 평화주의의 허구성

이번 일본 총선뿐만 아니라 전쟁국가 일본의 재생이라는 정치목표를 향해 아베는 일관되게 일본 국민을 선동하는 수단으로 북핵·미사일의 위협을 이용해 왔다. 그것을 위해 아베의 대북정책은 압력 일변도로 세계에서 가장 강경한 입장으로 나타나 있다. 그동안 일본 정부의 집요한 공작으로 일본에서 좌에서 우까지 거의 모든 일본인이 '북한 악마화'로 북한에 대한 극단적인 증오로 물들어 있으며, 증오와 불신으로 뭉쳐진 일본의 대북감정이 한반도 전쟁위기를 극복하고 평화의 길을 열어나가는 데에 엄청난 장애요인으로 작용하고 있다.

안보위기를 부추기기 위해서 북한의 핵·미사일 실험을 악용하는 사례를 들어보자. 2017년 5월 14일 화성 14호의 1차 발사 때도 마찬가지였지만, 8월 29일 평양 순안비행장에서 3,200km를 날아 일본 북해도를 가로질러

1,180km 동쪽 태평양상에 착탄한 북한의 화성 12호 발사 후, 4분 뒤에 J얼럿(전국순간경보시스템)이 작동하였다. 일본 전국의 TV, 라디오, 휴대폰에 자동으로 정부 발 긴급경보가 켜졌다. 소방비상 사이렌이 울렸으며, 하루 종일 TV가 발사 소식을 계속 내보냈다. 동경의 지하철 등 일부 전차가 멈추고 몇몇 소학교가 휴교하는 등 실제 전쟁사태를 방불케 하는 난리를 피웠다. 국민을 세뇌하기 위한 사뭇 어마어마한 규모의 심리전 장치이다.

우리나라 일부 언론은 우리 정부는 북핵·미사일에 아무 대비도 못하고 있는데 일본은 물샐틈없이 일사불란하게 행동한다고 입에서 침 마르게 칭찬하기도 하는데 과연 그럴까. 실제 한국이 반북 감정을 유발할 수도 있는 대대적인 국민동원 연습을 하면 남북관계를 악화시키는 한 요인이 될 수도 있다. 일본 식자 중에서도 너무나 지나친 호들갑에 불쾌해 하기도 한다.

실제 화성 12호는 영공보다 훨씬 높이 550km를 날아 일본에서 훨씬 먼 태평양 한가운데에 떨어졌으니 국제법적 위법성도 없으며, 일본에 아무런 직접적 피해를 끼치지 않았는데도 이 지경이다. 게다가 8월 29일 오전 5시 58분, 순안비행장에서 발사되어 4분 후에 J얼럿이 작동했지만, 미사일은 1분 만에 북해도를 지나갔다. 사람들이 미사일을 보지 못한 것은 물론이고, 만약 몇 백만 분의 1의 확률로 북해도 상공에서 떨어진다 해도 그것에 대비하고 방공호에 들어가거나 피난할 시간적 여유는 없다. 지하철을 멈추게 하고, 학교를 휴교시키고, 온종일 같은 TV 프로를 방영한다든지 사람들의 불안감과 공포심만 부추기고, 지나친 사회적 자원의 낭비만 한 것이다.

일본에서도 이제는 "과잉대응 아니냐"는 회의와 비판의 목소리가 일고 있다. 그러나 아베 정부의 위기감 부추기기로 일본 국민들은 알게 모르게 깊숙이 대북 공포로 물들고 있으며, 일본 지지(時事)통신의 9월 15일자에서 국민의 81%가 "핵·미사일 개발을 추진하는 북조선은 현실의 위협"이라고 답하고 있다고 한다.[2]

북핵문제의 해법에 대한 10월 7일의 갤럽 국제적 비교조사[3]에 의하면 14개국 중에서 '평화·외교적 해결책'을 선호한 응답이 러시아, 독일, 불가리아에서 90%를 넘었고, 오스트리아, 이탈리아, 프랑스, 베트남, 영국, 호주도 80%를 넘었다. 북한을 주된 타깃으로 설정한 미국에서도 75%로 압도적이었으며, 우리나라에서도 66%가 외교적 해법을 지지했다. 그러나 유별 일본과 파키스탄에서만 '군사적 해결책'이 51%로 군사적 해결을 더 선호했다. 파키스탄은 한반도와 직접 이해관계가 없으니 아마도 그 결과가 유의미한 것인지는 좀 더 알아봐야 할 것이다.

위 역사가 한도 씨는 "국난이라고 하는데, 최대의 문제는 북조선 정세이죠. 그것은 (아베) 스스로가 만들고 있는 자작자연(自作自演) 아닙니까?"라고 지적하고 있다. '안보법제의 폐지와 입헌주의의 회복을 구하는 시민연합'은 "북조선의 '위협'에 많은 국민이 공포를 느끼는 상황을 기화로 총

---

2) https://www.jiji.com/jc/article?k=2017091500875&g=pol.
3) http://www.gallup.co.kr/gallupdb/reportContent.asp?seqNo=865

선거를 하고 헌법 개정에 필요한 의석을 확보하려는 아베 총리의 책략은 어쩌면 나치스의 수법을 상기시키는 것이며, 일본의 입헌민주주의 정치는 최대의 위기에 직면하고 있다"고 표명하고 있다. 아베는 혐한론이나 헤이트 스피치, '북조선위협론'으로 국민감정을 유도하고 득표에 연결시키려고 해왔다. 그것을 위해 불쾌, 공포, 분노라는 네거티브한 감정에 호소하는 총선은 일본 전후사에 유례가 없다고 한다.[4]

너무나 기막힌 일은 일본은 한반도 분단의 원인을 제공하여 냉전 속 남북 대립에서 친미·친독재정권의 편에 서서 박정희, 전두환 등 독재자들에게 힘을 실어주고, 민주화운동의 탄압을 거들었다. 식민지지배 책임에 대한 역사청산도 하지 않은 일본이 역사적인 책임을 감당하려 하지 않을 뿐만 아니라, 오히려 그 상황을 악용해서 일본 군국주의의 부활을 꿈꾸고 있다. 역사에 수많은 부조리와 아이러니가 있으나 이만큼 인간의 정의와 양심을 조롱하는 아이러니는 일찍이 어디에 있었을까. 또한 세계에서 최초의 유일한 피폭국이며, 일본 헌법의 3대 원칙 중 '평화주의'를 내걸고 '평화국가'를 브랜드로 하고 있는 일본이 세계의 어느 나라보다 호전적이고 파멸적인 대북한 무력공격을 지지한다는 사실에서 일본의 평화주의나 민주주의가 얼마나 허구적이고 병든 것인가를 엿볼 수 있다.

---

4) 진보 타로(神保太郎), '미디어비평', <세카이(世界)>, 2017. 11, 901호.

2. 북핵·미사일

북핵·미사일 문제의 기본 구조와 성격은 전쟁위기가 고조하면 할수록 더욱더 명료하게 그 모습을 드러내고 있다. 김정은 위원장 취임 이후 빠르게 추진된 북핵·미사일 개발도 해방 후 우리 현대사의 기본적인 성격을 변환시키는 것이 아니다. 일제 지배하에서 반제·민족해방전쟁을 전개한 우리 겨레는 해방되자 새로운 민족국가 건설에 큰 희망을 품었으나, 세계 냉전 속에서 분단되어 민족해방, 새로운 민족국가 건설의 꿈이 좌절되고 말았다.

이러한 현상은 비단 우리만의 문제는 아니었다. 반제·반파시즘투쟁에서 승리하고 의기충천한 민족해방투쟁이 제2차 세계대전 후 발칸반도에서 한반도까지 미소 양 대국의 나눠먹기로 분단선으로 쪼개지고, 민족해방의 열망은 각지에서 탄압받았다.

그러나 중국에서의 국공내전을 위시하여 양대 강국에 의한 냉전질서의 강요에 저항하는 투쟁이 이어져서 발칸반도, 중동, 동남아, 한반도에 이르기까지, 제국주의 세력 및 그 추종세력과 민족해방세력 간의 내전이 벌어졌다. 그러한 맥락 속에서 일어난 6·25는 외부세력의 개입으로 말미암아 내전이 국지적인 국제전으로 변질되어 처참한 희생을 낳았으며, 분단을 더욱더 고착시키는 결과만을 가져왔다.

1953년 7월 27일, 정전협정이 판문점에서 UN군 총사령관 마크 클라크(Mark Clark)와 북한군 최고사령관 김일성, 중국 인민지원군 사령관 펑더화이(彭德懷)가 서명하고 발효되었다. 그러나 동 협정은 군사분계선 획정과 전투행위의 중지만을 규정했을 뿐이지, 전쟁의 완전한 종결을 의미하는 정치적 문제의 협상은 1951년 4월부터 한국과 6·25에 참전한 15개국(남아공 불참), 그리고 북한 측에서 나온 중국과 소련, 이렇게 전체 19개국이 참가한 가운데 제네바 정치회담으로 넘겨진 것이다. 이 제네바회담에서는 통일정부 구성을 위한 선거 문제와 외국 군대의 철수 문제를 둘러싸고, 유엔 측과 공산 진영 측의 첨예한 대립으로 아무런 합의를 보지 못하고, 오늘날까지 불안정한 정전상태가 이어져 있어서, 한반도 안보불안의 근간을 이루고 있다.

냉전시대에 한반도의 평화는 가냘픈 정전협정에 의해서가 아니라, 38선을 경계로 하는 동서 양 진영의 힘의 균형으로 유지되어 왔다. 즉, 조·중·러 북방삼각동맹과 한·미·일 남방삼각동맹의 힘의 균형에 의한 것이다. 물론 그 배경에는 이 지역에서 전쟁을 일으키기가 마땅치 않은 미국과 중국 및 구 소련의 국제관계가 있었다. 그런데 1989년 이른바 냉전의 종결, 이어 베를린 장벽과 소련의 붕괴는 한반도 정세에 커다란 변화를 몰고 왔다. 게다가 중국은 시장경제화와 이윤추구의 경제에 골몰하여 북방삼각동맹은 사실상 기능부전에 빠졌다.

이에 고립상태에 빠진 북한은 한·미·일 동맹으로부터 받은 안보위협을 해소하기 위해 정전협정을 평화협정으로 전환하여 대미관계를 안정시키기 위한 협상을 추진하면서 동시에 '빈자의 무기'인 핵·미사일 개발을 추진했다. 그래서 북핵·미사일 문제 해결의 길은 북한에게 국제사회의 일원으로 마땅한 자리와 안전보장을 제공하면서 핵개발을 포기하게 하는 것인데, 1994년 '제네바합의'를 비롯하여, 페리보고서, 9·19 6자회담 합의 등 많은 합의를 북한의 붕괴를 믿는 미국이 지키지 않았기에 파기되고 오늘의 상태에까지 이어지고 있다.

    이러한 한반도 핵위기의 근본구조는 오늘날에도 변하지 않았다. 다만, 그동안 미국은 '전략적 인내'로 시간을 허비하여 북한의 핵·미사일 능력만을 엄청나게 키워주었다. 종전의 휴전선 전쟁억지 기제가 휴전선 전방에 배치된 북한의 방사포 등에 의한 휴전선 전방지역의 미군 및 서울·경기지역의 민간인 등에 대한 포격으로 감내해야 할 손실에 그치지 않게 되었다. 김정은 시대에는 핵미사일의 장족의 발전에 따라서 이제는 전쟁 발발 시, 미국 본토 또는 태평양지역 미국기지를 타격할 수 있는 능력을 갖추게 됨으로써 미국으로서는 대처방법에 변화가 있을 수밖에 없는 것이다.

    분명한 것은 북한은 고 김일성 주석의 유훈이라 하면서 핵포기의 조건으로 정전협정의 평화협정으로의 변경과, 미국에 의한 안전보장을 여러 차례 요구하고 있다. 이제 ICBM과 SLBM이 곧 완성된다고 하면서 북한은 핵보유국으로 인정할 것을 요구하고 있어서 북핵의 일방적 포기는 더욱더 어려워진 것은 사실이다. 북한에 대한 핵포기의 요구에 대해서는 미국의 상호 포기를 조건을 내세울 수도 있으며, 모든 핵보유국의 특권적 지위를 없앨 것을 주장할 수도 있지만, 그럴수록 해결방법은 더욱더 평화적 수단에 의거할 수밖에 없는 것이다.

3. 일본의 패전과 '전후'

일본은 제2차 세계대전에서 패전한 후 평화국가를 자처해 왔다. 전후 일본 헌법은 국민주권, 인권존중, 평화주의를 3대 원칙으로 하고 있다. 이 헌법은 일본 군국주의 해체작업을 목적으로 하는 미군 점령 하에 점령군 최고사령관 맥아더의 지시에 의해서 만들어졌다. 국민주권과 인권은 천황제 국가에서의 탈피를 겨냥했으며, 평화주의는 군국주의 해체이자, 일본을 미국 패권 아래 편입해서 확보하기 위한 장치이기도 했다. 즉, 진주만을 폭격한 일본의 군대를 없애고 다시는 전쟁을 도발할 수 없는 나라로 만들자는 것이었다.

전쟁 전의 일본 군국주의의 반미교육은 극심했으며, 전쟁 중의 카미카제 특공대, '반자이(만세) 돌격' 등의 광신적인 공격을 경험한 미국은 애당초 일본 본토 상륙에는 일본 국민의 치열한 저항이 있을 것으로 예측했다. 그런데 미군의 예상을 깨고 미군을 맞이하는 일본 국민은 우호적이었다. 어제까지 '귀축영미(鬼畜英美)'를 외치던 일본 국민이 하루아침에 '일억 총참회'를 하고 압도적인 친미감정을 갖게 되었다. 거기에는 전쟁에 지쳐 모든 기력이 쇠진한 일본 국민의 피폐도 있었으나, 미국 나름대로의 치밀한 일본 점령 계획도 있었다.

우선 기타 연합국의 강력한 반대에도 불구하고 미국은 일본 천황을 처단하지 않고 살려서 이용하는 방향을 택했다. 일본 천황이야말로 일본 군국주의의 원흉이고, 명치 이후의 일련의 침략전쟁 및 제2차 세계대전의 개전을 결정한 전쟁범죄자다. 그 천황을 처벌하지 않고, 메이지헌법상의 일인통치권자로서의 대권을 빼앗았지만, 상징적 존재로 천황의 이름을 남기고 살려주었다. 패전 이듬해에는 '인간선언'을 하게 해서 천황으로부터 신격을 박탈함과 동시에 거구의 맥아더와 왜소한 천황이 나란히 찍은 사진을 신문을 통해서 대대적으로 유포시켜 천황 위에 군림하는 미군과 맥아더의 압도적인 위상을 일본인 마음에 각인시켰던 것이다.

냉전 격화의 영향도 있었으나 동시에 반공주의를 활성화시키기 위해서 구 일본제국의 정치·경제적 핵심 인재를 대거 등용하고, 감옥에 있던 A급 전범을 사면하고 등용하는 등 교묘하게 일제에 관대한 정책을 펴서 일본 군국주의자들을 포섭했다. 일본 군국주의자도 미국에 면종복배하면서 자기들의 생존을 확보하고 점차 권력을 장악하려 했는데, 미국과 동상이몽으로 입지를 넓혀 갔다.

미국의 일본 군국주의자에 대한 관용정책은 전쟁 개전 이듬해에 에드윈 라이샤워 하버드대학 교수를 책임자로 하는 대일 점령정책 연구반의 연구성과라고 할 수 있으며, 그동안 일본 좌익의 반미운동도 있었으나 큰 흐름에서 일본 국민은 미일안보체제 속으로 포섭하여 이제는 세계에서 가장 친미적인 국가로 되는 결과를 낳았다. 일본은 미국의 속국이라고 일컬어질 정도로 길들여졌으며, 미국의 대일 점령통치는 미국 역사상 가장 성공적이었다고 평가되었으나, 냉전 종결 후에 일본 전후를 재평가하는 움직임이 나타나기 시작했다.

1995년에 가토 노리히로(加藤典洋)가 발표한 <패전후론>에서 일본인이 제2차 세계대전의 패전을 똑바로 인식하지 못하고 있다는 논지로 일본의 전후에 대한 재평가 논쟁을 불러일으켰다. 그와 동시에 일부 우익 중에서도 너무 미국에 종속되어 있는 것이 아니냐는 문제 제기도 시작되었다. 오랫동안 일본에서는 '전후'가 언제까지 계속되나 하는 논쟁이 이어져 있으나, '전후'라는 개념 자체가 일본의 패전과 미군 점령과 더불어 비주체적으로 만들어진 정치·경제·사회 체제를 말하는 것이다. 일본인의 주체적인 설계에 의한 국가건설의 구상이 또렷하게 없어서 '전후'가 매듭을 짓지 못하고 있다고도 할 수 있다.

동시에 시라이 사토시(白井聰)는 <영속패전론>(NHK신서, 2013)에서 일본이 제2차 세계대전의 패배를 '패전'으로 하지 않고 '종전'이라고 얼버무리고 온 데 자기기만이 있으며, 미국으로부터의 독립에도 아세아에 대한 과거 청산도 이루어지지 않고 제대로 된 독립국이 되지 못했다고 비판하고 있다. 이것도 역시 <패전후론>과 맥락이 닿는 이야기이기도 하겠다.

4. 기시 노부스케와 아베 신조

아베의 '아름다운 나라' 일본을 되찾고자 하는 프로그램은 외조부인 기시 노부스케로부터 이어받은 것이다. 기시의 정치이념은 '점령하의 정치'로부터 '독립 일본의 정치'인데, 구체적인 내용은 첫째 국민의 자유의지에 의한 헌법, 둘째 '무방비 중립론'이나 '타국 군대의 주둔'을 배제하여 '자위태세'의 확립, 셋째 '계획성 있는 자주경제'로, 이것이 곧 '독립의 완성'이라는 것이다.

동경제대를 나와 군국 관료로서 출세가도를 매진한 기시는 철두철미한 천황숭배자이며 군국주의자였다. 일본 패전 후에 A급 전범으로 절체절명의 사지에서 기시를 구해준 것은 세계적 냉전의 시작이었으며, 한반도 분단이었다. 전쟁을 치루면서 원수였던 미국과 일본은 냉전이 시작하자 일본을 동아시아의 반공전선의 후방기지로서 매우 유용하게 활용했다. 일본은 반공을 내세우고 철저히 미국에 추종함으로써 구 일본 군국주의자는 친미주의자의 탈을 쓰고 살아남은 것이다.

미국에 가장 두터운 신임을 받은 기시는 마음속으로는 '대동아성전'의 정당성을 믿어 의심치 않았으며, 동경 재판과 미군의 일본 점령이 부당하다는 생각을 가지고 있었다. 겉으로는 자유민주주의를 내걸면서 속으로는 파시스트로서 지극히 냉소적이었다.

아베는 일본인 납치 문제가 제기되자 특수부대를 북한에 투입하여 무력으로 일본인을 탈환할 것을 주장했으며, 2002년 고이즈미 평양 방문 시, 조일평양선언 합의에 가장 강경하게 반대했었다. 일찍이 1990년대부터 핵무장을 주장하는 '핵문제를 생각하는 의원모임'의 간사장을 지냈으며, 관방부장관이던 2002년 5월 13일 와세다대학교 공개강연에서 "일본이 원자탄을 가지는 것은 헌법상 아무 문제가 없다"면서 "결심하면 1주일 이내에 핵무기를 가질 수 있다"고 말했다. 북핵문제 돌출 이후에는 트럼프에 대한 무조건적 지지와 대북 최강경론을 주장하고, 트럼프의 대북 무력공격까지도 지지했을 뿐만 아니라 한국 정부의 800만 달러의 대북 인도지원 결정에 대해서도 "지금 최대의 압력을 가해야 한다"고 문 대통령에게 전화로 훈계하는 지경이었다.

아베도 외조부 기시처럼 일본이 당당하게 자립할 수 있는 나라가 되어 '전후'를 종료시키는 것을 소원하고 있으나, 그것을 위해서 미국이 강요한 헌법을 뜯어고치고, 스스로 마음대로 할 수 있는 군사력을 보유하고, 대일본제국시대로부터 내려오는 정체성을 일본 국민에게 각인시켜야 한다고 생각하고 있다. 그러나 미국의 고삐로부터 벗어나고 혼자 돌아다닐 수 있는 나라가 되는 꿈을 이루기 위해 와신상담하여 누구보다도 맹목적 대미 추종자가 되는 굴욕을 감수하는 점은 외조부와 마찬가지다. 아베에 대표되는 일본 우파 민족주의자들이 앞으로도 당분간은 쉽사리 본색을 드러내고 자립한 군사강국 일본을 만들 수 없을 것이다.

그러나 이번 일본 선거를 보면서 전후 일본을 구속해온 평화주의와 평화헌법은 대폭적으로 그 위력을 잃고, 군사주의의 유혹에 대한 저항력이 약화될 것으로 보인다. 아베의 총선 승리 후에는 일본의 강경 군사주의자들은 일본열도의 굴레를 벗어나려고 요동을 치고, 이웃나라들과의 갈등을 더욱더 격화시킬 것으로 전망된다. 특히 가장 약한 고리인 북한 때리기는 더욱 기승을 부릴 것이다. 최대의 라이벌로 의식하는 중국과는 앞으로 큰 마찰이 야기될 가능성이 크다. 그러면 그럴수록 아시아에서 고립된 일본은 대미 추종에 한층 매달릴 것이다. 미일이 '동상이몽'하면서 평화 파괴적인 방향으로 상승작용을 하고, 동아시아에 불행한 결과를 가져올 가능성도 크다.

일본의 군사화와 전쟁선동의 구실을 없애고, 일본 발 동아시아 안보위기를 봉쇄하기 위해서는 무엇보다도 한반도에서 남북 화해와 평화 실현이 가장 핵심적인 과제가 된다. 이미 많은 논자들이 언급하고 있으나, 한국은 자국뿐만 아니라 동아시아를 전쟁위기에서 구해내기 위해 담대하고 획기적인 남북관계 개선을 위한 주도력을 발휘하지 않으면 안 될 것이다. 즉, 한미일동맹에 의한 대북 압력으로 핵을 포기케 한다는 케케묵은, 이미 파탄한 정책을 과감하게 포기하여 북한을 국제적인 고립에서 벗어나게 하고, 국제사회의 정상적인 일원으로 받아들이도록 주동해야 할 것이다.

북한에 대해서가 아니라 미국을 향해서 이제는 전쟁위협과 군사연습 등의 무력적 압박을 중지하여, 북한과 평화조약 체결을 위한 6·25전쟁을 정치·군사적으로 종결하고, 국교를 정상화하고, 경제제재의 해제를 권유해야 한다. 그래서 그 실적을 바탕으로 남북 원원관계의 양 순환 속에서 공신력과 발언권을 확보하여 정상적 남북관계를 열어나가야 할 것이다. 그 길이 바로 동시에 대미 자주성 확립의 길이기도 하다.

문정인 대통령 특보가 "한미동맹보다 우리의 생명이 더 소중하다"고 한 것은 당연한 소리인데, 조중동은 한미동맹을 파괴하려고 한다고 벌떼같이 달려들었다. 조중동은 미국을 위해서라면 목숨도 내놓을 각오가 있는가.

이 과정에서 분명히 드러난 것은 죽어도 미국을 숭배하는 미국에 대한 물신숭배다. 한미동맹에 정당성이 있다면 그것이 우리의 생명을 지켜주고 우리의 이익을 증진시켜주기 때문이다. 만약 그 사명을 다하지 못한다면 즉시 버려야 되는 것이 이성적 판단이 아닌가. 물론 목숨 걸고 미국에게 직언을 한다는 것은 참으로 어려운 일임이 틀림없다. 그러나 우리의 활로는 이 길뿐이며, 타성적으로 한미일동맹의 꽁무니에 매달려서 따라간다 한들 파국 외에는 보이지 않으니, 죽을힘을 다해 남북 화해를 위해 감연히 미국에게 우리도 자립한 주권국가임을 상기시켜야 한다.

일본 아베정권은 한미일동맹을 빙자하여 이미 한반도 근해의 군사훈련에도 자위대를 보내고, 한반도 유사시에는 군사개입을 공언하고 있다. 그렇다면 한미일동맹의 명분으로 눈치를 보지 말고 일본의 군국주의화에 대해서 제대로 비판을 하는 것이 우리의 책무이자 아시아의 평화와 미래를 위한 길이다. 우리도 오랜 세월 동안 일본의 기시와 아베 같은 세력을 '친한파'라고 부르고 숭앙하고 조장시켜온 책임이 있는 것이다.

_ 2019. 10. 26
'아시아문화' 주최 국제심포지엄

오키나와와 동아시아의 평화

　　이번에 주어진 '오키나와(沖繩)와 동아시아의 평화'라는 주제를 생각할 때, 스스로 시대의 범위와 문제의 성격이 한정된다. 즉, 서구의 침입자가 이 지역에 가져온 '아시아'라는 타자개념은 침략자가 아시아에 사는 사람들을 규정하는 말이며, 동아시아(東亞)는 제국주의국가로 등장한 일본이 메이지 이후 이 지역을 침략하면서 '일본 중심의 지역질서'의 뜻으로 쓴 말이다. 그런 의미에서 아시아도, 동아시아도 오키나와에게는 19세기 무렵의 외세의 침략 또는 지배를 의미하는 말이며, '오키나와와 동아시아의 평화'라는 주제는 동아시아와 오키나와가 동시에 공통으로 가지고 있는 모순을 해소하고 평화를 이룩한다는 뜻을 내포하고 있다.

　　'평화'[1]라는 말은 '전쟁이 없는 시기, 또는 전쟁과 전쟁의 사이에 있는 시기'라는 의미로 예부터 동서양을 막론하고 쓰여 왔다. '평화'라는 가치가 사람들의 공통의 가치로 인식되어 보편화되기 위해서는 전쟁의 불법화가 거론되어 평화가 인류의 공통의 관심사로 되는 19세기에서 20세기의 이행기에나 가능한 일이다. 동아시아와 오키나와는 지난 150년간 평화로웠던 날이 없었기에 평화가 사람들의 관심을 모은 주제로 되었다고 할 수 있다. 이 글에서는 오키나와와 한반도에 시좌(視座)를 두고, 동아시아의 평화를 생각해보려 한다.

1. 강요당한 평화와 '수례(守禮)'

오늘날 오키나와는 흔히 '평화의 섬'이라고 일컬어지고 있으며, 오키나와 사람 스스로 '평화'를 오키나와의 정체성이라고 한다. 그 엄청난 '오키나와전(戰)'에서 희생된 사람 중 오키나와 사람만이 약 14만 명으로 그 당시 섬 인구의 4분의 1에 해당되며, 오늘날 오키나와 본섬의 20%가 미군기지로 점유되어 각종 기지에서 발생하는 공해로 몸살을 앓고 있다는 사실을 상기한다면 오키나와 사람들의 평화에 대한 갈망은 헤아리고도 남음이 있다.

그러나 오키나와 사람들이 온유하고 공동체적인 소박한 인간성이 있으나, 천성이 평화적이며 예부터 무기를 지니지 않는 '비무(非武)의 섬'[2]이었

---

1) 평화에 대한 개념에 대한 여러 가지가 있다. 단순한 전쟁의 부재, 또는 전쟁과 폭력의 부재에서부터 안전보장론의 시각에서 힘의 균형상태 또는 전쟁을 억지할 수 있는 힘의 존재를 말하기도 하며, 요한 갈퉁(Y. Gultung)이 말하듯이 분쟁의 원인을 제공하는 모든 갈등을 의미하는 '구조적 폭력'의 부재를 말하기도 한다. 여기서는 전쟁과 폭력이 존재하지 않고, 사람들이 서로가 다툼이 없는 상태라고 해두겠다.

다는 담론은 다분히 만들어진 이야기다. 오키나와가 15세기에 '류큐(琉球) 왕국'으로 통일되기 전에는 서로 싸우고, 1609년 시마즈(島津)[3]가 류큐를 침공할 때 류큐는 무력으로 저항했다. 류큐를 정복한 시마즈는 류큐사람들의 봉기를 막기 위해 모든 무기를 회수하여 무기의 소지를 금했기에 류큐는 무기를 가지지 않는 '비무의 섬'이 된 것이다.

메이지유신 이후 '류큐병합'(1879)은 메이지정부가 보낸 560명의 군경의 무력에 의해 이루어졌으며, 오키나와전, 27년간의 미군정, 일본 복귀 이후에도 국가폭력을 배경으로 하는 통치가 오키나와를 짓눌러 왔다. 오키나와는 미일의 통치체제 틀 안에서 '평화'를 강요받고 있는 것이지, 결코 평화를 향유하고 있다고 할 수 없다. 즉, 오키나와의 평화주의는 자발적인 선택이라기보다 시마즈, 일본, 미국이라는 외세들의 폭력에 의해 저항하지 못하고 평화로움을 강요받아온 것이라고 할 수 있다. 저항을 봉쇄당하고 굴종을 강요받아 수단적인 평화를 받아들일 수밖에 없었던 것이다.

침략자들과의 압도적 힘의 차이라는 현실 앞에서 오키나와 사람들은 면종복배(面從腹背)로 일관되어 한정된 '평화적' 수단으로 저항해올 수밖

---

2) 1816년에 류큐를 찾은 영국군함 라이라(Rayla)호 함장 바질 홀(Basil Hall) 일행은 1817년에 대서양의 고도에 유배되어 있었던 나폴레옹을 만나 이 섬들(류큐)에 어떤 무기도 존재하지 않는다고 이야기를 해서 그를 매우 놀라게 했는데, 그의 이야기는 그의 저서 <조선·류큐 항행기>에 기록되어 큰 반향을 낳았다고 한다(山口栄鉄 <外国人来硫記>, p56).
3) 시마즈(島津)는 큐슈 남단의 사츠마(薩摩 : 현재의 카고시마 鹿児島) 일대를 지배하던 다이묘(大名)이다. 1609년 침공 이후 메이지유신까지 실질적으로 류큐를 지배하고, 쵸슈와 더불어 메이지유신의 양대 중심세력이 된다.

에 없었다. 절대적인 국가폭력을 배경으로 한 권력이 그어 놓은 선 안에 오키나와의 저항을 '합법적', '평화적'으로 제한해 온 것이며, 그 속에서 엄청난 인내와 '절대 꺾이지 않는 집념'으로 헛수고를 마다하지 않는 비폭력 불복종투쟁을 벌여온 것이다. 이것이 마하트마 간디의 항영투쟁(抗英鬪爭)으로 유명해진 '비폭력 불복종' 투쟁방식이며, 오늘날에도 헤노코의 투쟁방식으로 이어져 있다. 이 방법이 가장 효율적이기 때문이 아니라 현실적으로 그 방법밖에 없기 때문에 오키나와의 평화운동은 지혜를 모아 그 틀 안에서 최대한 효율적 방식을 만들어온 것이다.

오키나와의 비폭력주의에 대해서 고(故) 아라사키(新崎盛暉) 교수는 다음과 같이 말한다. "'고자폭동(コザ暴動)'(1970)에서조차도 사람에 대해서 폭력이 휘둘러지지 않았다. 오키나와의 비폭력주의는 발가벗은 폭력과 폭력이 격돌한 지옥과 같은 오키나와전이나 압도적인 힘을 가진 폭력집단이라고 할 수 있는 (미)군과 대치할 수밖에 없었던 (미)군정 하의 체험에서 얻은 교훈이 아닌가"[4]라고 지적하고 있다. 류큐·오키나와가 압도적인 국가폭력에 직면한 지가 외세(시마즈)의 침략 이후 400년 이상 이어진 일이며, 오키나와 사람들에게 '비폭력'(체념적인 복종)은 내면화 또는 체질화되어 있다고도 할 수 있다.

게다가 19세기말부터 이어온 전쟁불법화의 흐름이 제2차 세계대전 이

---

4) 新崎盛暉 '21世紀世界の中での沖縄-世界平和に向けての可能性', 渡辺治·和田進 編 <講座 戦争と現代 5 - 平和秩序形成の課題>(大月書店, 2004年, p250).

후 유엔에 의해 명문화되어 인류가 핵무기의 사용에 의한 공멸의 위기에 직면하게 된 것, 베트남전쟁 반대운동의 세계적인 확산, 일본의 평화헌법 등장 등으로 '평화'의 가치가 보편화된 것이 투쟁전술로서의 비폭력 평화주의가 실천·확산되어온 배경이라고 볼 수 있다. 헤노코 반 기지운동에서 볼 수 있듯이 이러한 운동전술이 힘과 기동력이 없는 퇴직 고령자를 중심으로 하는 연약한 자들의 연좌시위 방식에 적합하다고도 할 수 있다.

19세기말에 배를 타고 오키나와를 찾은 외국인들의 탐험기를 보면 류큐 사람들에 대해 예의 바른 사람들로 표현하고 있다. 수리성에는 '수례지문(守禮之門)'이 있으며, 오키나와는 '평화의 섬'이라는 정체성과 더불어 또 하나의 정체성을 '예의의 나라(守禮之邦)'에 두고 있다.

유교의 맥락에서 말하자면 '예'는 현대인들이 아는 사회적인 예모(매너, 에티켓)와는 그 의미가 다르다. 현대의 예는 주체와 객체가 이미 독립되고 평등한 근대시민으로 상정하고 있는데, 전통사회의 예는 사회적 신분질서를 지킨다는 것을 의미하며, '분수를 지키는 것'과 거의 같은 의미를 갖는다. 즉, 주어진 규범과 질서에 순종하고 신분의 경계를 넘지 않음을 의미하니, 이 개념 역시 강대한 힘의 지배에 순종해온 오키나와 사람들의 생활규율을 말하는 것이다. 오키나와의 경우에는 봉건적인 신분질서에 순종하는 대내적인 규율일 뿐 아니라 사대주의 또는 강약부동의 기준에 따라 외세에 순종하는 자세를 표명한 것이라고 할 수 있으니, 이것 또한 강요당한 '수례(守禮)'라고 할 수 있다.

2. 전후 일본의 평화주의와 오키나와의 평화

세계대전 후 새로운 헌법 아래서의 일본의 국가적인 3대원칙은 '국민주권, 인권, 평화주의'로, 헌법은 그 전문과 9조에서 부전(不戰) 의지를 표명하여 평화헌법이라고 했다. 그러나 일본에서 그렇게 추켜세우는 '평화'와 오키나와의 '평화'는 같은 평화일까. 파시즘 침략전쟁으로 동아시아 지역에 커다란 재앙을 가져온 일제는 연합군의 이름을 쓴 미군의 점령을 받아 군국주의의 해체과정을 겪었다.

애당초 미국은 제2차 세계대전 후의 동아시아에서 일본 군국주의를 해체하고, 중국을 안정세력으로 하여 일본을 견제하는 중국 중심의 동아시아 체제를 구상했다.[5] 그러나 장개석정권이 무능과 부패가 극심하여 거국항일을 내걸고 압도적으로 농민의 지지를 받은 모택동의 홍군에게 패배했으며, 세계 냉전이 격화(소련과의 적대관계의 현실화)됨에 따라 일본 군국주의 해체를 포기하고 전범 석방, 군국주의 중추적 인물의 등용, 군수산업의 재가동, 자위대 창설에 따른 재군비, 레드 퍼지(적색추방) 등에 의한 '역코스'가 시작되었다. 샌프란시스코조약의 체결과 동시에 미일안보조약이 체결되어 미군의 주둔과 일본열도를 반영구적으로 미군기지화시키고, 미국의 동아시아 군사전략의 기둥으로 삼는 일본 중심주의로 방향을 전환했다.

미국은 오키나와전 이후, 일본 본토 상륙전에서는 상당한 손실을 입을

---

5) 山極晃 編 <東アジアと冷戦>(三嶺書房, 1994, p24).

수 있다고 예측했다. 카미카제 특공대, 반자이(萬歲) 돌격, '옥쇄' 등을 통해 맹목적으로 천황에게 충성하며 '멸사봉공'하는 일본 신민들에게 상당한 위협을 느낀 미국은 대일 승전 후에 일본인의 저항과 미군의 희생을 줄이기 위해 천황을 처벌하지 않고 이용하는 방안을 연구했다. 독일과 일본을 중심으로 하는 파시즘 세력에 대한 전쟁의 승리라는 제2차 세계대전의 목표를 달성한 미국은 전후의 전략목표를 소련과의 경쟁에서 승리하여 세계적 패권을 장악하는 데에 두었으며, 전후 처리방향도 이러한 전략에 따라 추진되었다.

미국은 유럽에서도 냉전의 벽을 따라 대치하는 소련 지상군을 담당케 하기 위해 독일의 재군비와 NATO 가맹을 추진해야 했다. 그러나 독일의 침략을 받은 영국이나 프랑스 등의 양해를 얻기 위해서 독일의 과거청산과 나치스와의 단절을 철저히 추진하지 않을 수 없었다. 그래서 독일에 대한 최우선 과제는 평화보다 과거청산이 되었다.

한편, 일본에 대해서는 군사점령의 출혈을 최소화하고 성공적인 점령 통치를 하기 위해서는 천황을 미국의 손아귀에 넣고 협력하도록 시키는 것이 관건이라고 생각했다. 천황의 실권을 박탈하고 '상징'으로만 남게 하여 무력화시키면서 동시에 천황에게 '인간선언'을 하게 하고 거구인 맥아더의 겨드랑이 밑에 붙어있는 왜소한 천황의 사진을 공개하면서 미국의 비호 하에 놓여있는 천황의 이미지를 확산시켰다.

전범인 천황의 면죄에 반대하는 연합국들을 달래기 위해서는 '평화헌법'을 제정하여 일본 군국주의 부활의 가능성을 차단한다는 의지를 표명했다. 동시에 미일안보조약으로 주일미군이 일본을 제압하여 일본을 '속국화'시키고, 반영구적으로 미군 군사기지화한 일본을 미국의 동아시아 군사전략의 중추로 삼았다. 그 대가로 일본은 군사비 부담을 경감할 수 있었으며, 냉전의 벽으로 분리된 아시아에 대한 과거청산을 할 필요도 없었던 것이다. 이에 일본은 '경무장·무책임의 고도경제성장'을 이루어낼 수 있었다.

'비무장·부전의 평화국가' 일본은 주일미군의 핵과 중무장으로 겹겹이 싸여, 그 속에서 평화주의의 잠에 빠져들었다. 현실을 보지 않으려는 일본 국민들에게 '일본은 인류 최초·유일의 피폭국이고, 비무장·부전의 인류의 이상을 실현하는 평화헌법을 가진 나라'라는 환상을 심었다. 즉, 전쟁의 피해자의식을 부추기면서 이웃나라들에 대한 역사적인 책임에서 면죄되었다.

사실 일본은 미국의 속국으로 동아시아에서 미국의 군사작전 수행에 온갖 편의를 제공해 왔다. 광주학살의 책임을 묻지 않고 세계에서 맨 먼저 전두환의 대통령 취임식에 일본 수상이 참석했던 것에서 볼 수 있듯이, 일본은 아시아의 반공·독재정권의 가장 유력한 옹호자가 되었다. 일본의 평화주의는 일본 국민이 원폭 피해자로서의 피해의식을 부추기고 전쟁 가해자로서의 모습을 은폐했다. 또 미국의 속국으로서의 정치·군사적인 역할을 객관적으로 제대로 보려고 하지 않는 자기기만적인 국민을 만들어낸 면도 없지 않다.

이에 비해 오키나와의 평화는 처절한 지상전의 경험과 오키나와 현민을 차별하여 태연히 희생을 강요한 일본군의 비인간적 잔인함, 그리고 전후 폭력적인 미 군사통치를 경험하여 얻은 전쟁과 군사기지 반대의 굳센 의지에 뒷받침된 평화주의다. 지상전을 겪지 않은 곳에서는 참된 반전의식이 움트지 않는다고 한다. 오키나와는 지옥과 같은 지상전을 겪었기 때문에 일본의 평화주의처럼 관념적이고 면죄부로서의 평화주의가 아니라, 결코 포기하지 않는 경험적인 반전·반군·평화사상이 뿌리를 내렸다.

3. 오키나와의 지정학적 위치의 변천

류큐왕조는 14세기 중반부터 16세기 중반까지 바다에 열린 '대 교역시대'의 번영을 누린 바가 있으나, 지정학적으로 변경에 위치할 수밖에 없었다. 대륙국가이자 바다를 두려워하는 중국에서 보면 류큐는 몇 년에 한 번 조공을 바치는 변방의 조그만 나라에 불과했다.

일본으로서도 류큐는 머나먼 변방의 이국(異國)에 지나지 않았다. 류큐왕조가 일본의 최남단 사츠마(薩摩)에 있는 시마즈번(藩)의 침략을 받게 되는 경위는 시마즈가 재정적 어려움을 보충하려고 류큐에 눈독을 들인 것과, 도요토미에게 공을 세우려고 류큐왕에게 조선침략에 참전할 것을 종용한 데서 사단이 일어났다. 명나라와 조공관계를 가졌던 류큐왕조로서는 도저히 따를 수 없는 요구였기 때문에 군량미만 일부 제공하는 것으로 무마하려 한 것이 시마즈에게 침략의 빌미를 주게 되었다.

도요토미 히데요시가 죽은 다음 천하통일한 도쿠가와 이에야스는 히데요시의 조선침략으로 끊긴 명과의 교역의 회복을 원했으며, 거절당하자 류큐를 중개자로 교역을 시도했으나 실패했다. 그래서 도쿠가와의 승인을 받은 시마즈는 1609년, 3,000명의 무사를 동원하여 류큐를 침범했다. 이후 류큐는 명과 시마즈에 대한 양속관계 속에서 실질적으로는 시마즈의 식민지로서 전락하여 가렴주구를 당할 수밖에 없었다.[6]

스페인이나 미국이 미지의 바다, 태평양항로를 열고 동아시아에 밀려올 때까지 유라시아 대륙의 맨 끝에 붙어있던 일본, 오키나와, 타이완, 필리핀 등은 변방의 나라에 지나지 않았다. 그것이 서구열강이 쏟아져 들어오는 아시아의 현관으로 변모한 것이다.

동아시아의 작은(小) 제국으로 등장한 일본과 신흥 자본주의국가인 미국은 만주의 철도이권을 둘러싸고 대립하게 되고, 일제가 '대동아공영권'을 고취하며 중국 침략의 의도를 노골화하자 영미의 이권과 대립하여 태평양은 각축장이 되었다. 태평양전쟁에서 일본이 패배를 거듭하여 본토 수비에 급급하게 되는 1944년이 되자 중폭격기의 비행거리에 속해 있는 오키나와는 미국의 쟁탈대상이 되어 전쟁터가 될 수밖에 없었다.

제2차 세계대전 후 냉전이 시작되자 미군이 직접 지배하고 조밀한 미군기지로 무장된 오키나와는 냉전의 최전선 기지로 자리매김 되어 '기지의

---

6) 新城俊昭 <敎養講座 琉球·沖繩史>(東洋企画, 2015, p105-113).

섬'으로서 고난의 길을 걸었으며, 군사화를 가속하는 일본은 소련의 붕괴와 중국의 대두에 따라 자위대의 정면을 북해도에서 중국에 가까운 오키나와로 이동시키고, 오키나와의 무장화에 박차가 가하고 있다.

오키나와의 역사에서 오키나와의 전쟁과 군사화는 오키나와 자신의 요구와 필요에 따라 일어난 것이 아니라 외부세력의 의도와 지정학적 변화에 따라 발생해 왔다. 오키나와는 한반도와 마찬가지로 해양세력과 대륙세력의 접촉면으로서 각축의 장이 될 때 충돌이 일어날 수 있으니, 평화의 조건을 만들기 위해서는 이 대립의 경계를 소통과 교류의 장으로 변화시켜야 한다. 그런 면에서 오키나와의 평화는 남북이 대립하는 38선을 대립과 단절의 선에서 소통과 융합의 선으로 변화시키려고 하는 '한반도 평화시대'와 연동되어 있다고 하겠다.

4. 동아시아와 오키나와의 평화

미(美) 해병기지, 공군기지로 동아시아 냉전의 최전선에 선 오키나와는 전쟁이 있을 때마다 폭격기와 전투부대가 날아가는 전진기지 역할을 해왔다. 전쟁터의 참화를 겪은 오키나와는 윤리적인 반전을 주장하는 데서 나아가 전쟁이 터지는 경우 오키나와가 화를 입게 될 가능성도 우려하여 반전운동을 벌여온 것이다.

B52 중폭기가 출격하고 베트남에 맹폭격을 가할 때 오키나와에서 B52기 출격 반대의 대규모 시위가 있었으며, 1991년 주(駐) 오키나와 미 해병

대가 출동한 이라크전쟁 때도 대규모 반전시위가 이루어졌다. 또한 일본인 납치문제와 핵·미사일 문제로 일본 전국에 극심한 반북한 여론이 고조할 때, 오키나와에서는 해마다 각계각층의 인사로 구성된 100명 규모의 조선민주주의인민공화국 친선방문단이 조직되어 평양 방문을 하곤 했다. 그들의 이야기는 이렇다. 북·미 갈등이 심화되어 상호 무력행사가 시작되면 맨 먼저 북의 미사일 공격을 받는 곳이 미군기지가 있는 오키나와일 수밖에 없기에, 오키나와 사람들은 북에 대해서 하등의 적대감도 없다는 것을 알게 하기 위해서 북과의 친선교류가 필요하다는 것이다.

오키나와 민중들은 20년에 걸쳐 오키나와의 미군기지를 확장하고 고정화하려는 일본 정부의 엄청난 압력에 맞서서 헤노코의 군사기지 이설(移設) 반대운동을 비폭력 불복종으로 계속하고 있다. 오키나와는 우경화되어 가는 아베정권의 일본에서 거의 유일하게 평화, 인권, 반미군기지의 가치를 드는 세력이라고 할 수 있다. 현(縣)지사 선거, 중참의원 선거에서 오키나와 기지반대를 외치는 '올 오키나와(All Okinawa)'가 완승하고 있어서 아베정권의 눈엣 가시와 같은 존재가 되어 있다. 이렇게 오키나와 사람들의 평화의 염원은 깊고 행동은 과감하다.

동아시아의 평화의 조건은 무엇보다도 이 지역을 침략 지배해온 구미, 일본의 제국주의, 그리고 그 잔재세력의 일소와, 각 민족의 주권을 확립하는 일일 것이다. 그리고 그동안의 제국주의 지배 아래서 왜곡된 역사관을 바로잡아 집단적, 개인적 피해의 구제를 실현시켜야 한다.

2001년 남아공의 더반에서 개최된 유엔 주최의 '반인종주의·차별철폐' 세계인권대회에서 노예제와 식민지지배를 반인도적 범죄(Crime against Humanity)로 선언하고, 가해자들의 전면적인 과거청산이 필요하다[7]고 천명했다. 오키나와가 직면하고 있는 전쟁에 말려들어갈 위기, 군사화·기지공해, 오키나와 주둔 미군의 범죄, 오키나와 차별, 역사인식, 아베정부의 지방자치에 대한 간섭 등은 결국 제2차 세계대전 이전과 같은 일본을 추구하며 오키나와를 희생시켜도 된다는 아베정부의 오키나와관(觀), 군사·안보정책, 역사인식, 이웃나라들과의 외교관계 등에서 파생할 수밖에 없는 것이다. 제국주의 지배의 청산이라는 역사적인 맥락에서 동아시아와 오키나와의 평화의 조건은 굳게 연결되어 있다.

아라사키 교수는 그 불가분의 연결성을 다음과 같이 지적하고 있다.

"조선반도에서의 평화·공생·통일이 없다면, 아시아의 평화를 생각할 수 없다. 그리고 과거·현재·미래를 식민지지배에서 남북통일까지를 꿰뚫어 일본은 이 문제에 큰 책임을 지고 있다. 일한민중의 상호이해와 연대는 아시아에서 세계로 '평화'를 확장해 나가는 출발점으로서 매우 중요하다. 그때 미군정·지상전·미군기지 문제라는 공통의 역사적 체험과 과제를 배경으로 한국과 다양한 교류실적으로 쌓아온 오키나와는 일한민중연대의 연계고리 역할을 해낼 수 있을지, 거기서 오키나와의 가능성이 검증되는

---

7) 徐勝, 前田朗 編 <文明と野蛮を超えて:わたしたちの東アジア歴史·人権·平和宣言>(かもがわ出版, 2011) 참조.

것이다."[8]

　여기에서 오키나와와 한반도의 불가분의 관계가 드러난다. 근현대를 통해서 양 지역은 제국주의의 침략과 지배를 받아왔으며, 일제의 식민지를 받으면서 '민족적 말살(Genocide)'의 위기에 직면했다. 대규모의 지상전을 겪어 참된 평화의식을 가질 수 있는 소지를 공유하고 있다. 냉전시기에는 미국의 최전선 군사기지로서 과중한 군사부담, 미군범죄, 미군기지에서 발생하는 갖가지 공해, 인종차별 등을 겪어왔다. 이러한 공통성이 바로 식민지시기의 일제와 냉전시기의 미·일이 만들어 온 '동아시아의 음화(陰畵, negative print)'인 것이다.

　오키나와에서는 이 역사에 새겨진 음화를 검증하여 동아시아 평화의 확고한 발판을 마련해야 한다. 과제의 첫째는 제국주의의 동아시아 침략과 유린의 역사이며, 둘째는 그 지배와 차별의 수법이고, 셋째는 전쟁의 엄청난 참화이며, 넷째는 군사주의·군사문화의 폐해를 밝히는 일이며, 다섯째는 희생자들의 권리회복이다.

　우리나라와 오키나와의 직접적 관계는 그다지 깊지 않으며, 오키나와전에서 동원된 군부(軍夫)가 1만 명, 일본군 '위안부' 1천 명이라고 일컬어지고 있듯이 오키나와전에서 가시적인 형태를 드러냈다고 할 수 있으나 실증연구는 지지부진한 상태라고 하겠다.

---

8) 新崎, 앞의 책 p270.

5. 죽은 자는 말한다

유골 수습은 종교적 정신적 의미도 있겠으나, 역사의 교훈으로 삼아 우리가 사는 세상에 '평화'를 구축함에 있어서 죽은 영혼을 다시 불러내어 말하게 하는 것이기 때문에 중요하다. 전쟁희생자에 대해서는 일본정부의 조직적 유골 수습, 천황의 전몰자 위령 행각도 있으나 전쟁희생자에 대한 위령이나 유골 발굴이 결코 '나라(일제)를 위해서 희생된 자에 대한 감사나 현찬'이어서는 안 된다. 사람들을 무참히 죽인 전쟁과 전쟁범죄자들에 대한 준엄한 고발과 비판이 되어야 한다.

오키나와에는 최근 '한의 비'처럼 전쟁과 군국주의의 민족억압에 대한 반성과 비판의 입장에서 만들어진 기념비도 있다. 그러나 대부분은 일제와 침략전쟁의 미화로 일관되어 있다. 한국인 위령과 관련해서는 카카즈(嘉数) 고지에 '청구지탑(青丘之塔)'이 있고, 마부니(摩文仁)의 평화기념공원에 한국인위령탑이 있다.[9]

'청구지탑'은 1971년 교토의 우익 니시다(西田玉堂)가 '일본민주동지회'의 이름으로 가카즈 고지에서 죽은 316명의 한국·조선의 군인·군속을 '위령·현찬'하기 위해서 세운 것이다.[10] 비문에는 '이데올로기와 국경과 민족을 초월하여 인도주의에 준법하고… 위령·현찬'한다고 했을 뿐 전쟁과 동

---

9) 이에 관해서는 제주대 조성윤 교수의 논문, '전쟁의 기억과 재현: 오키나와 현립 평화기념 자료관을 중심으로'(2011)가 있다.
10) 서승, '아시아의 냄새-오키나와 자립 독립의 힘', <서승의 동아시아 평화기행>(창비, 2011, p70).

원에 대한 반성이나 사죄의 말은 한마디도 없다. 한국인위령탑은 1975년 '유신'의 와중에 박정희 이름으로 세워진 것이다. 그 건립의도를 정확하게 헤아릴 수 없지만, '위령탑'은 '평화의 초석'이 있는 광장 사이에 남서쪽 언덕에 있는 마부니 위령묘역과 마주보고 있다. 위령묘역은 홍성담 화백이 '오키나와의 야스쿠니'라고 불렀듯이 각 지방 단위의 위령묘원이 만들어져 있으며, 유족과 일본 고관들이 천황에게 충성을 다하고 목숨을 바친 그들의 넋을 기리기 위해서 찾아오곤 하는 장소다. 박정희의 염두에는 일찍이 어깨를 걸고 함께 싸운 전우들과 함께 현찬되기를 원하고, 북해도나, 교토, 히로시마 등과 나란히 위치하기를 원했을 것 같다.

유골은 말은 못하지만, 이야기한다. 그들에게 어떤 이야기를 들어야 하는가 하는 것이 유골 발굴의 큰 이유가 아닐까. 일본 군국주의와 그 후예들, 한국의 친일족속들은 전쟁터에서 비참하게 죽은 이들을 영웅화하고 '역사전쟁'에 동원하고 있다. 우리는 이들의 한 맺힌 이야기에 정중하게 귀를 기울이고, 참된 동아시아 평화 속에서 편히 잠들게 해야 한다.

_ 2019. 10. 24
자료집 "일제 강제동원 희생자 유해에 관한
국제 심포지엄-오키나와전 전몰자 유골조사 및
한인 유해봉환을 위한 제언"

광주5·18과 제주4·3의 저항권에 대해서

1. '국가테러리즘'이 아직 사람들 머릿속에서 위세를 떨치는 나라

벌써 20년 전의 일이다, 1997년 2월 타이베이에서 2·28사건 50년을 기해 '타이완 계엄시기 백색테러'의 진상규명을 중심 주제로 한 '제1회 동아시아의 냉전과 국가테러리즘' 국제심포지엄이 개최되었다. 우리나라의 과거청산운동은 1990년대에 싹트지만 대부분은 일제의 침략과 식민지 지배 책임을 주제로 했으며, 냉전시기의 문제를 다루는 경우는 거의 없었다. 특히 동아시아에서의 미군범죄와 국가폭력을 정면으로 다룬 운동은 없었다.

1997년부터 2003년까지 이어진 우리 심포지엄 운동은 냉전시기 타이완, 오키나와, 한국, 일본에서의 국가폭력의 진상 규명과 수난자의 명예회복·보상을 요구하여 역사의 정의를 회복하려는 운동이었다. 수백 명의 국가폭력 수난자, 민간운동 활동가, 연구자의 3자가 결합하여 참가비를 자부담하고 자발적으로 참가하는 순수 민간의 획기적인 국제연대운동이었다.

다만, 이 운동의 초기에는 운동의 성격과 역사적 의의를 정확하게 이해하는 사람들이 많지 않았다. 제1회 타이베이 대회에는 한국에서는 강만길 선생, 임헌영 선생, 김창국 변호사, 이이화 선생, 안성례 의원, 박원순 변호사, 서중석 교수, 정근식 교수, 강창일 4·3연구소장, 이영일 여수사회문제연구소장 등 쟁쟁한 인사들 50명 정도가 참가했다. 그 중에서 제주4·3 관계자, 광주5·18 관계자, 여순사건 관계자 등이 단체로 참가했다.

1997년은 한국에서는 김대중 정부가 성립하여, 민주화가 진전한 시기였으나, 아직도 레드콤플렉스가 위세를 떨치고 있었다. 2019년 3·1운동 100주년 문재인 대통령 기념사에서 '빨갱이'라는 말이 한국에서 친일파와 그 후예들에 의해 극우들의 무기로 어떻게 쓰여 왔는가를 비판했는데, 20여 년 전 당시만 해도 심포지엄의 한국 참가자들은 '국가폭력'이니 '국가테러리즘'이라는 말조차 '좌익적'이라고 쓰기를 꺼려할 때였다.

광주에서 온 참가자들은 제주에서 온 참가자들과 섞이려고 하지 않았으며, 힐끗힐끗 먼발치에서 쳐다볼 뿐이었다. 속사정을 알아보니, 광주참가자들의 눈에는 '광주5·18'은 순수한 민주화운동이고, 제주4·3은 남로당이 개입한 색깔이 있는 불순한 운동이었다고 생각하는 모양이었다. 반세기에 걸쳐 반공교육을 받았기 때문이기도 하겠으나, 국가보안법이 새파랗게 살아있어서 '빨갱이'로 몰리면 무슨 일을 당할지 모른다는 두려움도 있었을 것이고, 운동하는 사람들 사이에서도 '빨갱이'를 위험시하거나 차별하고 서로 '순수'성을 겨루던 시대였었다.

오늘날까지도 국가보안법이 아직도 살아있듯이 색깔론적 정신구조는 살아있다고 할 수 있다. 도대체 '민주주의'를 표방하는 사람이 색깔론으로 운동 내부와 자신의 정신세계를 재단하는 우스꽝스러운 일이 일상화되어 있었던 것이다. 그 후 제주4·3운동도 합법공간 속에서 안주하게 되자, 여순사건과 같은 자기들보다 제도화가 덜 된 사건을 '빨갱이'시하는 경향이 이어졌다. 그러니 국가의 외투를 벗기고 그 본질을 드러내고, '폭력장치로서의 국가'와 그에 항거하는 저항권을 논할 수 있는 처지는 아니었다.

2. 국가폭력과 저항권

제주4·3과 광주5·18은 우리나라 분단과 냉전의 시대를 관철하는 부조리와 국가폭력에 대한 저항의 산물이라는 점에서 공통되고 있다. 게다가 한국에서 '국가폭력'이 가장 적나라한 모습을 드러낸 시대의 입구와 출구에 위치하고 있는 상징적인 사건이다. '국가폭력'이란 국가의 폭력장치인 군대, 경찰, 검찰 등을 포함하는 폭력으로 국민을 강제하는 권력을 말한다.

자연상태에서 개개인이 가지고 있는 개별적인 자위권으로서의 자연권적인 폭력을 근대국가가 시민의 합의에 의해 회수하여 강력한 중앙권력을 형성하고, 시민들은 그 규율에 복종하기로 했다는 것이 '사회계약설'의 가설이다. 국가폭력의 소임은 외부의 적으로부터 그 공동체를 수호하고, 시장경제의 속성인 개인주의, 자유주의로 인해 일어나는 시민 사이의 이익충

돌 또는 무정부상태를 통제하기 위해 행사하도록 되어 있으며, 평소 그 권력은 인민으로부터 위임을 받은 집행권자에 의해 행사된다.

다만, 그 강대한 힘의 칼날을 주권자인 인민을 향해 발동되는 것을 경계하기에 주권자인 인민이 나라의 주인임을 헌법에 명시하고 늘 환기시키고 있다. 다만, 그 국가폭력이 오용되거나 남용되어 인민의 인내와 관용의 한계를 넘을 때 마지막 저항수단으로 정부를 전복시키기 위해 총을 들고 봉기할 권리를 부여한다. 이것을 '저항권'이라고 한다.

저항권은 '반란권'이라고도 '혁명권'이라고도 하는데, '인민으로부터 신탁받은 정부의 부당한 폭력 행사에 대해 저항할 수 있는 인민의 권리'다. 저항권은 미국 독립전쟁이나 프랑스 대혁명에서의 무장봉기를 정당화하는 논리가 되어 있다. 헌법에 명문으로 표기할 수 없으나, 평화적인 법치주의를 부정하는 폭력에 의한 정부의 전복이라는 극한적인 수단이 이른바 인권과 자유, 그리고 민주주의를 지키는 마지막 권리로 상징되어 있는 것은 매우 아이러니컬하다.

3. 국가폭력과 맞선 제주4·3과 광주5·18

일제의 손아귀에서 벗어난 우리 민족에게 독립을 허용되지 아니하고 오히려 외국군이 주둔하고 분단하는 부조리를 겪었다. 거기서 외세를 등에 업고 독립과 자주, 통일을 주장하는 자들에게 무자비한 탄압을 가하는 이승만과 조병옥 일당에게 항거하여 무기를 들고 일어난 것이 제주4·3사건이다. 군사쿠데타에 의해 권력을 장악하고, 반독재운동을 하는 민주인사를 구속 탄압하는 군부에게 항의하는 광주시민을 무력으로 진압하는 군부세력에 저항해 일어난 광주5·18도 저항권의 정당한 행사라고 할 수 있다. 그래서 제주4·3도 광주5·18도 같은 국가폭력에 대한 저항자이자 희생자인데, 양자 간에는 차별이 있다.

단독선거, 단독정부수립, 미군의 주둔과 분단에 반대하고 일어난 제주4·3운동은 본질적으로 아편전쟁 이후 동아시아에서 들불처럼 일어난 반제민족해방투쟁의 맥락 속에 자리하고 있다. 제2차 세계대전은 동아시아에서는 반(反)파시즘전쟁의 측면보다는 항일민족해방전쟁의 측면이 강했다. 그러나 반파시즘전쟁의 승리가 동아시아에서는 반제민족해방전쟁의 승리로 이어지지 못하고, 새로운 지배자로 등장한 미국이 동아시아에서의 패권 장악을 기도하면서, 일제에 대한 점령과 군국주의 해체의 소임에 한계를 보였다. 천황에 대한 전쟁책임을 면제하고 미국의 협력자로 활용하는 등 필요한 범위에서만 일본 군국주의의 해체를 진행하고, 냉전의 본격화와 더불어 군국주의 청산을 중지하고 전쟁범죄자와 친일파를 대거 등용하여 일본을 미국의 동아시아 군사전략기지로 삼아 지배를 공고히 해갔다.

'역코스'로 불리는 일본 군국주의 청산 중지와 군국주의 전범들에 대한 사면 및 등용은 동아시아 각지에 대한 친일파의 적극적 등용으로 이어지면서 민족해방전쟁의 성격을 퇴색시키고, 역사 청산과 역사의 정의를 무산시켜버렸다. 제주4·3은 분단, 미제와 그 앞잡이 친일분자들의 지배에 항거한

민족해방투쟁의 일환으로 일어난 저항운동이었으며, 광주5·18과 달리 조직을 배경으로 하면서 처음부터 무장항쟁을 상정한 투쟁이었다는 점에서 차이가 있다.

그에 비해 광주5·18은 갑작스러운 박정희 군사독재자의 암살과 군부쿠데타로 등장한 전두환 신군부에 반대하는 운동으로, 반(反)군사독재 민주화운동의 연속선상에 자리하고, 다분히 자연발생적인 성격을 지니고 있었다. 다만, 광주시 일원에 대한 시민군 장악에 의한 항쟁은 코뮌의 형성과 무장항쟁의 성격을 분명히 했으며, 그 경험은 5·18에 좀 더 조직적인 항쟁의 성격을 부여하고, 우리나라 현대사를 관통하는 민족해방투쟁과의 맥락을 계승하는 성격을 가졌다. 광주5·18은 우리나라뿐만 아니라, 동아시아에서의 위대한 인민의 저항권 행사의 성지로서 역사에 기억된다.

_〈그라지라〉(광주트라우마센터 계간지)
2019년 봄호(원제: '제주4·3과 광주5·18,
국가폭력에 항거 저항권 행사')

동아시아의 제노사이드와 예술

●
●
●

　제주의 민간인 학살이 '국가폭력'으로 문제제기된 것은 1997년 타이베이에서 개최된 '동아시아의 냉전과 국가테러리즘' 국제심포지엄이 처음이었을 것이다. 거기서 타이완의 대표가 장제스(蔣介石)에 의해 저질러진 수많은 사람들에 대한 살인, 납치, 고문, 폭행 등의 백색테러를 '국가테러리즘', '국가폭력'으로 규정하였다.

　그 당시 아직 반공 프레임 속에서 갇혀 얼어붙어 있었던 한국 사람들, 특히 광주에서 온 대표들은 국가폭력이라는 개념이 좌편향으로 치부하거나 순수한 광주5·18민주항쟁이 오해될 소지를 염려하여, '국가폭력'이라는 용어를 쓰지 않았으면 좋겠다는 항의가 있었다. 이제는 망월동묘지가 국립묘지로 승격되고, 국가유공자로 처우되어 보상도 받고, 국가로부터 '민주화운동'이라는 '금간판'까지 부여받아 5·18항쟁의 참가자들은 기득

이권자가 되었다. 그래서 광주5·18은 민주화운동이지, '국가폭력'이라는 과격한 용어와는 무관한 합법적 운동이라는 것이다. 광주는 그때나 지금이나 총을 들고 치열하게 싸운 민중항쟁과 그 승인투쟁을 '민주주의와 평화'라는 매끄럽고 무난한 말로 치장하고 '자유민주주의 국가'의 선량한 시민으로 안주하고 싶은 것이다.

1980~1990년대, 제주4·3운동의 초창기 내부에서는 김명식 시인 등 선각자들에 의해서 인민항쟁이라는 성격 규정이 제기되었으나, '4·3사건 진상규명·명예회복 특별법' 제정 과정에서 현실주의자들에 의해 한국의 현실에서 무난할 뿐만 아니라, 우선 4·3에 합법공간을 부여하기 위해 '양민학살'로 치장되었다.

민족의 분단에 반대하고 미군정과 이승만 독재의 불의한 국가폭력의 동원에 대해 저항한 투사들은 폭력을 독점하고 있는 공권력에 의해 압살당하고, 저항권의 행사자들이 '반란분자', '역도', '폭도', '빨갱이' 등으로 매도되고 법의 테두리 밖으로 축출되었다. 반공이 국시인 분단 반공국가에서는 '빨갱이' 낙인이 찍히면 모든 자유권적 인권마저 부정 당한다. 그래서 4·3항쟁의 투사들과 같이 법의 보호 밖으로 축출되곤 하였다.

그들을 우선 법적 보호를 받을 수 있는 국민의 범위 안으로 끌어들이기 위해 4·3진상규명운동 측은 '양민'(법질서와 관의 명령에 잘 따르는 백성. 무고하고 억울하게 당한 자)이라는 개념을 삽입했다. 그래서 학살된 자들의 진면목을 밝히는 작업은 아직도 그 목적을 달성하지 못하고 있으며, 그 재평가를 하자는 것이 올해 4·3 70년을 즈음해서 4·3운동 측에서 내놓은 '정명'운동인 것이다.

'동아시아'는 19세기 이래 아편전쟁을 계기로 서구 제국주의, 이어서 일제의 전쟁, 침략, 약탈, 노예화, 식민지지배라는 폭력에 의해서 만들어졌다. 수많은 사람들이 학살되어 전통사회는 뿌리째 뽑혔다. 기존의 생활양식과 문화가 파괴되어 엄청난 충격을 받아 수많은 인간의 신체와 정신이 파괴되었다.

광주나 제주 또는 여순 등지에서 제노사이드가 거론된 것은 거의 2000년대에 들어서이다. 군사정권이나 미군과 독재권력에 의한 대량 살상·파괴의 극심함을 가장 강렬하게 표현하는 말이 '제노사이드'라고 생각되었으며, 각각 자기들의 사건의 피해성을 어필하려는 의도에서 제기되었다고 볼 수 있다. 그러나 진즉 제노사이드의 개념과 제노사이드 조약의 내용을 정확하게 이해하는 사람은 많지 않았다.

'제노사이드'란 우생학 또는 인종주의적 관념에 사로잡힌 나치스에 의해 저질러진 유태인, 로마(집시), 슬라브인, 사회주의자, 공산주의자 등을 '존재의 가치가 없는 자'들로 규정하여 1,000만 명 이상을 대량 말살한 행위를 말한다. 1948년 12월에 유엔에서 승인된 제노사이드 조약 제2조에서 동 행위를 "민족, 인종, 종교, 국가 집단을 겨냥한, 부분 또는 전체적으로 의도적이고 체계적인 파괴"라고 규정하고 있다. 다만, '파괴'의 내용은 집단적 살해만이 아니라, 집단수용소 같이 집단에 대한 육체적·정신적인 중대한 위해와 열악한 생활조건에 처하게 하는 일, 생식능력을 제거하는 일, 아동의 납치 및 강제 입양 등을 포함한다. 따라서 제노사이드는 일반적으로 '대량학살'이라고 번역되기도 하지만, '대량말살'이 보다 적절하다.

조약 체결 시에 사회주의 국가로부터 정치·사상적 집단에 대한 제노사이드(politi-cide)가 제기되었으나 미국의 반대로 기각되고, 나치스가 저지른 '타락된 예술'에 대한 말살과 같은 문화적 제노사이드(cultural-cide)에 대해서도 채택되지 않았다. 그래서 동아시아에서 제노사이드라는 말은 일종의 형용사일 뿐이고 법적인 개념이 될 수 없었다. 그래도 동학농민전쟁 같은 경우는 청일전쟁 때 일본 육군참모차장 카와카미(川上操六)가 조선파견군에 내린 "동학교도는 모두 죽여라"라고 하는 명령은 일정한 종교집단에 대한 말살을 명한 것이며, 난징학살은 일본군의 중국 사람에 대한 철저한 인종적 멸시, 인간취급도 아니하는 태도에 기인하고, 오키나와전(戰)에서 일본군이 오키나와 주민들에게 '집단사'를 강요한 것은 오키나와사람에 대한 차별에 기인하는 것이므로 역시 제노사이드라고 할 수 있다.

그러나 '동아시아'라는 일제의 헤게모니와 그 후신인 미국의 헤게모니 속에서 만들어진 영역에서 저질러진 학살은 정치·사상적 제노사이드에 해당되는 것이다. 한국에서 제주4·3, 여순사건, 광주학살, 베트남의 민간인학살 모두 '빨갱이'라는 '정치·사상적 낙인'을 찍고 살상을 자행했으며, 타이완의 1950년대 백색테러도 '빨갱이'라는 명목으로 2·28사건과 더불어 '반란분자', '역도'라는 정치적 반대자의 딱지를 붙이고 자행한 살상이다.

동아시아에서의 국가폭력의 행사에 의한 대량살상은 엄청난 고통과 파멸을 가져오고, 동시에 강한 반발과 저항을 불러일으켰다. 예술은 사람의 감정 표출에 비롯된다. 아편전쟁 이래의 동아시아의 근현대사 속에서 민족적 말살과 계급적 억압 속에 피압박민중들이 생존하기 위해 내뱉은 비명, 통곡, 신음 소리와 저항의 절규, 분노, 함성, 선동 등 반(反) 제국주의 투쟁의 감정과 사상의 표출은 인간의 가장 순수하고 가장 격렬한 의식의 결정이 되어 고발의 예술, 민중해방혁명의 예술이 된 것이다.

이번 제주도립미술관의 '포스트 트라우마' 전시의 주제를 제대로 이해할 수 없지만, 이제 발가벗은 국가폭력장치가 작동하는 시대가 끝나고 트라우마도 치유될 시기가 왔다는 것일까 하고 생각을 해봤다. 그래서 적나라하게 국가폭력을 고발하거나 국가폭력에 저항한 미술작품을 지나간 과거의 기억으로 전시한 것은 아닌가 생각해보기도 했지만, 고발과 투쟁의 미술이 아직 그 소임을 다했다고 할 수 없으니, 역시 '포스트 트라우마'는 적절하지 않다고 생각한다.

나는 독일과 세계 각지에 있는 홀로코스트 기념관이나, 동아시아에서는 중국이나 베트남, 일본 등에서 전쟁박물관 및 전쟁의 우행(愚行)과 비극을 주제로 한 기념관이나 미술관을 찾아가 본 일은 있으나, 제국주의의 침략과 인간말살의 발자취를 따라 만들어진 동아시아의 광범한 국가폭력과 저항을 주제로 한 미술관은 본 일이 없다.

이번 전시의 출품자의 태반은 내가 1997년에 '동아시아의 냉전과 국가테러리즘' 국제심포지엄을 시작한 후, 홍성담 작가와 동아시아 국가폭력의 현장을 찾는 과정에서 만나고, 홍성담 화가가 오키나와, 타이완, 일본, 제주 등에서 '오월판화전'을 했을 때 함께 프로젝트에 참가한 작가들이다. 오키나와의 킨죠 미노루(金城実), 사키마(佐喜真) 미술관, 타이완의 메이팅옌(梅汀衍), 베트남의 딩 Q 레이, 한국의 강요배, 홍성담, 박경훈 등이 내가 걸어온 동아시아 과거청산운동의 도정에서 만나고 함께 일한 작가들이다. 그렇게 생각하면 이번 전시를 개최한 도립미술관의 개최의도와 별개로 이번 전시에서는 마치 4반세기에 걸친 나와 미술과의 협동과 발자취를 되돌아보는 듯한 느낌마저 드는 것이다.

제주4·3항쟁 70년에 즈음하여 이 전시의 의미는 크다고 하겠으나, 이 전시가 함의하고 있는 동아시아와 국가폭력의 미술적인 표현의 실체와 의미를 전면적으로 수렴했다고 말하기는 어렵다. 물론 한번의 미술전에 그 소임을 일임한다는 것 자체가 무모한 일일 수는 있다. 그러나 이번 전시가 뒷걸음치다가 뭘 잡는 식의 우연한 성취에 그치지 않고, 전시의 결과를 놓고 좀 더 진지하고 심도 있는 의미부여와 분석을 통해 본격적인 '동아시아의 국가폭력의 미적 표현'의 체계를 세워 전체를 조망하면서 정리하는 일이 필요하다. 이러한 미술은 식민지시대와 냉전의 시대의 폭력이라는 범죄를 고발하고 청산하는 21세기의 인류사적인 사업의 기폭제가 될 수도 있기 때문이다. 아울러 제주가, 또는 제주도립미술관이 그 장대한 사업의 근거지로서 인류사적 사업에 공헌할 수 있기를 기대해본다.

_ 2018. 12
제주도립미술관 '4·3 70주년기념 특별전' 도록 〈포스트 트라우마〉